有去無回的地方

一個維吾爾女孩在新疆「再教育營」的真實經歷

Mihrigul Tursun Andrea C. Hoffmann
米日古麗・圖爾蓀、安德莉亞・C・霍夫曼——著
顏涵銳——譯

Ort ohne Wiederkehr

Wie ich als Uigurin
Chinas Lager überlebte

為保護本書所提人員及其親屬安全，人物姓名皆經改動。

目次

序曲

經過漫長的飛行，班機終於降落在華盛頓。因為埃及和美國兩地時差，落地時，美國當地的太陽依然高掛。兩個孩子在最後三分之一段旅程原本一直在睡覺，這時全都拉長了脖子，滿臉好奇地看著窗外。「我們到啦！」我告訴他們。「我們到新家了。」

「好多飛機喔。」我那三歲的兒子讚嘆道。他迫不及待想要下飛機，踏上外頭的柏油路。我從上方置物櫃取下行李，推著他和同樣兩歲的妹妹，朝出口移動。在下飛機的舷梯上，午後的驕陽映上我們的臉。

在一位同機阿拉伯女乘客協助下，我們弄到一台行李手推車。接著就排隊等候安檢，我一手牽著一個孩子，緊緊抓著他們不敢隨便放開。我不敢相信，自己真的踏上了美國的土地。但當移民局官員出現在眼前時，我感受到兩個孩子開始侷促不安，他們不想再往前走。他們四隻眼睛睜得老大，直盯著穿制服的官員和他們身邊到處嗅行李的緝毒犬。「他們要來揍我們了！」我兒子害怕地說。突然間，他們掙脫我的手往旁邊跑走，一下就消失在排隊的乘客之間。我拋下行李，跟在他們後面死命的追。我追著追著，眼睜睜看著兩個小孩消失在人群中。這時我再也顧不得一旁的排隊紅龍柱，硬穿越過去，登時引起了巨大的騷動，也驚動了機場警衛。「喂，排隊好嗎？」其中一人對我吹哨子。

這時，我看到兩個孩子了，他們就躲在桌子下頭。我趕忙朝他們跑去。但他們卻越來越害怕，嚇得渾身發抖，原來這時他們看到機場警衛在我後頭追過來，就快要追上我。「他們要來抓你了！快逃啊，媽媽！」我女兒大叫。

「怎麼了？」穿制服的警衛大聲問我。

「我兩個孩子會怕您。」我試著和他說明。

「是喔，為什麼？」儘管這人身高將近一米九，還攜著槍，卻不覺得自己有什麼好怕的。

剛才幫我們找推車的阿拉伯女子這時趕了過來。她拜託這位警衛說話輕聲點。然後拿出隨身的糖果，遞給我兩個躲在桌子下發抖的孩子。

過了好一陣子，他們才慢慢平靜。「你們好聰明。」我對他們說，經過一陣安撫後，他們才敢走過警衛旁邊，讓我牽著。「但你們不用再害怕，因為我們現在到美國，已經安全了。」

但他們會害怕，我卻完全可以理解。我們母子三人，幾年下來真的歷經苦難。這一刻，我們才算逃出了人間煉獄。

第1章
中國的維族女孩

我出身新疆且末縣附近的托格拉克勒克村（Toraklik），是位於中國極西塔克拉馬干沙漠上的綠洲城市。外界認知中的高科技中國，與我們八竿子打不著。至少從我出生那年的一九八九年至今，我的故鄉始終沒有進步。

我在驢車上誕生。原本媽媽是打算搭這驢車，從我們村子趕到庫爾勒市（Korla，舊名梨城，在新疆中部）待產，因為那是離我們村子最近的大城市，城裡有座醫院。其實，這邊的女子一般是在家中生產的。但因為我是早產，又胎位不正，情況危急，因此需要由醫生接生。要到醫院唯一的方法就只有搭乘驢車，忍受一路上漫長又顛簸的旅程。但她忍不了那麼久，才到半路，我就已經呱呱落地。因為這樣造成產婦嚴重併發症。當時才只有十七歲的母親，就這樣難產過世。

我父親圖爾蓀悲痛逾恆。當時他才剛和我母親新婚一年。兩人非常相愛，一心夢想著要建立一個大家庭。

但突然之間徒留傷痛，外加一個嗷嗷待哺的小嬰兒，哭喊著想吸到母親的奶。母親在同一天就依伊斯蘭習俗入葬。之後家族聚會，討論該如何安置喪母的我。家族中沒有人認為我有太大機會存活。因為我早了七周落地，實在是太小了。大人說，當時的我，小到可以裝進我爸的帽子裡。所以大家都認為我很快就會夭折。只有我年邁的外婆，強自忍著失去女兒的悲痛，懷抱著希望，一心想著，最少也要讓這個孫女活下來。

她建議我爸：「把這孩子交給我吧。我來試試看能不能把她拉拔長大。」其實，外婆跟大家一樣都悲痛欲絕。但或許她是覺得，要是順利，拉拔這小孫女長大能減輕她內心的喪女之痛。外婆總是覺得，在我身上看到了我母親透過我活下來了。也因為這樣，讓她想要好好照顧這小不隆咚的嬰兒，這個身上流著她女兒瑪莉卡血液的孫女。

而且，外婆也立刻發現，我父親完全無法獨力照料一個新生嬰兒。倒是她自己，照顧小孩經驗老到。畢竟，她可是先後生養了二十四個孩子。

我的母親是她的么女。但在當時，外婆家裡還有另一個女兒未嫁。我的姨媽曼齊兒跟我母親很像，就跟外婆還有我一樣，個頭嬌小。相較於我們那裡的人，她的膚色很白，而她臉部的輪廓很柔和。另外她也一樣有著一頭及腰的深棕色長髮，像波浪般微微捲曲。她年紀只比我媽大一歲半。也因為這樣，外婆就很有把握，我爸爸應該也會中意她。所以在我爸守喪期過後，外婆就跟我爸提起，要他娶曼齊兒做續弦。我爸稍微考慮一段時間後，就同意要和曼齊兒共組新家庭。

所以此後，我在外婆家長大。她住在托格拉克勒克村外的一處簡陋小屋中。我父親和我姨媽則住在另一個鄉鎮。外婆每個月會帶我去看他們一次，有時則換他們過來，好看看我。也因此，一直到現在，我和他們都還一直維持著很緊密的關係，也一直把曼齊兒視為媽媽。但真正一手照顧我的人，則始終是最重要的外婆，她雖然已經上了年紀，卻還是充滿了溫暖和慈愛。

一開始我非常難照顧，因為身為早產兒又難產出生的我體弱多病。有段日子，大家都不知道沒有母奶餵的我到底能不能活下來。但我外婆養了一頭母牛，還有四頭母羊。憑藉著耐心，只要我肚子餓了，她就用手指沾碗裡的羊奶，讓我吮著吸，就像從母親胸部哺乳一樣。就這樣，她克服種種困難，慢慢把我給帶大。日子一長，我逐漸茁壯，體重也開始增加。當我終於渡過最艱難的時期，也顯然可以安然長大後，外婆為這個她手中養大的第二十五個孩子感到開心。她驕傲又自信地對大家說，老天真的對她特別眷顧。

在很多方面，外婆代表的是一個不復存在的世界。其實，早在那時候，她的世界就已經搖搖欲墜了，只是我們都沒有察覺而已。遠離北京四千公里，我們所住的這個世界與北京宛如平行時空。就連時鐘都走在不同刻度上，因為比起中國本土，我們的太陽要晚許多才升起。老實說，小時候有很長一段時間，我都不知道我們住的地方叫做中國。我們那些親戚只要提到故鄉，指的都是東突厥斯坦。所以我一直以為，想當然耳，我們的祖國應該也是叫這名稱。

在我眼中，那些有著丹鳳眼、扁平鼻子、沒有體毛的漢人，怎麼說都是外國人。漢族女人不編頭髮，而漢族男人也不留鬍子、不戴帽子，跟我們村裡的人怎麼說都不一樣。大人都會教導我們小孩子說，見到漢人要提高警覺，只要覺得不對勁，拔腿就跑，跑得越遠越好，因為他們喜歡吃維族小朋友。我一直很相信這事，大家也都相信這事。所以，我們一直都很慶幸，村裡從來就沒有漢人因為迷路不小心闖進來過。

物質方面，我們過得並不富裕，甚至在某些人的眼中，會覺得這稱得上貧窮了。但在當時我並不覺得如此。只是，如今回想起來，我們當時的生活水準和中國其他地區相比，真的有著明顯的差異。當時在外婆家，既沒電又沒自來水。為了讓家裡有水喝，外婆會派我每天到附近的湖裡挑兩桶水，而這湖水也正是我們這兒綠洲的水源。

照顧牲口是我在家的一份工作。每一天早擠完奶後，我就要負責把羊兒和母牛帶到有草和植被的地方，好讓牠們能在那裡吃上一整天。同時我也要留意，別讓這些牲口走失。後來開始念書，每天上學路上還要找適當地點把牠們拴好，下課後再去帶牠們回家。

每次只要我注意到哪頭牲口懷孕了，就可以看到外婆布滿皺紋的臉喜上眉梢。我們最喜歡有小羊羔出生，因為隨著牠們的出生，不只帶來了羊奶和羊毛，還帶來羊肉。有一回，一頭母羊一胎生了兩頭小羊羔。外婆早早就開始打算該怎麼好好利用。「可以賣掉一頭，用那筆錢買保暖的衣物，或者自己留下來，用牠身上的羊毛來給我們的外套加襯子。」她這麼對我說。因為冬日裡，我們那兒需要特別暖和的衣裳。

但外婆這打算，卻沒有考慮到兩頭小羊媽媽的心情。這頭母羊並不想同時給兩頭小羊哺乳。牠只想給較大的那頭小羊哺乳，另一頭較瘦弱的小羊，牠則不加理會。只見那頭小羊躲在角落裡不斷啼哭，吵著要喝奶。這冷酷的一幕把我嚇壞了。不管外婆怎麼努力要讓母羊接納小羊都沒能成功。到後來她也只好放棄。

「她不願意接納這頭小的。」在不斷嘗試後她認輸了。

「但我們不能眼睜睜看著牠死掉啊。」

「不會的。」外婆吩咐我，到外頭小棚舍去找一只特別的瓶子。那瓶子前面有個吸嘴，樣子就像是餵嬰兒的奶瓶一樣。外婆朝這奶瓶裡裝上擠來的羊奶。「這下我們要自己餵這頭小羊了。」外婆說，「以後這就是你的工作。」

就這樣，突然間我要負責扮演羊媽媽的角色了：一天裡，我要多次拿這奶瓶餵養小羊，每次牠見到奶瓶，總是一副餓壞了、迫不及待的樣子。過了幾天，小羊長得壯了些，身上的毛也變得更飽滿。然後牠甚至能夠探索羊舍外頭的環境。這讓我對自己的工作非常自豪。

對我們而言，羊兒不僅是我們的生計，也是我們主要飲食的來源。每一年在特別日子裡，我們都會宰殺一頭羊。然後把羊肉儲存在屋子下頭的瓦罐裡，沒有冰箱的我們，用這種方法保存肉類。宰殺後大部分的羊肉我們會立即烹煮，分享給村子裡的鄰里親戚。這是我們村裡的習俗：每天會由村中一家負責作飯，再與其他鄰居分享。這一來，即使家中當時一無所有、也沒有下廚的人家，還是每天可以吃到熱騰騰的食物。

另外，我們也吃家裡後院長的蔬果。那裡頭，外婆種了甜根菜、豆子、馬鈴薯、蕃茄和各式蔬菜。除此之外還有果樹，甜美的杏桃，還有成熟後甜到不可思議的石榴。我總是吃到肚子很撐。這時外婆就會教訓我。「你也該留些給其他小朋友吃啊。」她這麼命令著我，因為在我們的文化中，與他人分享食物很重要。

雖然家裡就只有我和外婆兩個相依為命，又住在村子外頭。但這一帶還住著我的其他嬸嬸阿姨、叔叔舅舅。他們經常會來看我們，而一些大約和我同齡的表兄弟姐妹們，也總是不時會到家裡來找我們。

那時我最好的朋友是蔻蘇兀，她是我們鄰居體弱多病的女兒。我最愛和她玩扮家家酒。我們會扮成洋娃娃的媽媽，照顧她們。但我們那裡買不到真正的洋娃娃，其實，那兒什麼玩具都買不到，只有靠自製。我們會用大根的胡蘿蔔，用刀子雕出她們的臉，這就是我們的洋娃娃。而上頭的綠葉，則是洋娃娃的頭髮。把這些娃娃抱在懷裡，我們餵她們吃飯，或是哄她們入睡，就像真的嬰兒，或是該說是真的洋娃娃一樣。

有時候，蔻蘇兀或其他小朋友會在我家過夜。那時，我們就會都擠到外婆的大床上。早上她會叫我們起床，因為雞啼時就是晨禱的時候。外婆會罩上面紗，跪在地上，開始以阿拉伯文誦念禱告經文。幾個小朋友不僅要複誦經文，動作也要一樣。但我經常會在這時鬧她。比如她磕頭時，我會趁她不注意，從旁偷偷靠近她，然後搔她癢。外婆是很怕癢的人。一開始她會忍住，但過一陣子再也忍不住後，就在肅穆的祈禱中放聲大笑。我們小朋友隨即跟著大笑。

伊斯蘭信仰是我們日常生活中很自然的一部分。每到禮拜五，外婆和我就會換上最好的衣服，一起到清真寺去。整個村裡的人這時都會齊聚至此，共同進行禮拜五的禱告。對村人而言，這是互相探望的日子。也總是會有人帶糖果來，分享給我們小朋友，通常要不是杏仁就是葡萄乾。收到這些寶貝，我一定立刻藏進口袋，留待接下來的一個禮拜慢慢享受。等到下個禮拜五大家再見面時，又可以得到不易吃到的新零嘴了。

另外我也很喜歡齋戒月。外婆很嚴格，要求我們白天連滴茶水都不能進。要是齋戒月落在炎熱或酷寒的季節裡，那可就很不好受了。但是外婆卻堅持，一定要鍛鍊自己的意志力，學著抗拒這樣的誘惑。「這樣才能得到真正的自由。」她這麼教導著我。而為了犒賞白天的齋戒，到了晚上，親戚們會聚在一起，共享豐盛的一餐。

這就是外婆所傳給我的伊斯蘭信仰，完全不是外界說的那種非常嚴格或是極端的伊斯蘭信仰。我們的親戚也跟我們一樣。我父親更會特別強調說，我們維吾爾人在宗教信仰方面，要比阿拉伯人寬鬆的多。維族婦女很少戴頭巾。倒是男性習慣戴帽子。我們小女生則是頭髮一律露出來，編成一縷縷的小髮辮。

我的童年，不管是和外婆，或是鄰居、親戚，完全都只有用維吾爾語交談。就連在村裡小學上課時，也是維吾爾語授課。這都要感謝鄧小平的德政，他接替毛澤東成為共產黨的領導後，在一九八〇年代給予新疆地區相當多的自治權。但到了一九九〇年代，我開始就學時，新疆自治已經走到尾聲。北京一點一滴地強化對維民的控制。

早在那之前，新疆省其他地區可能就已經失去自治。只是我們窮鄉僻壤，有很長時間都沒有意會到其變化。我這輩子第一次見到漢人，大約是我十歲時。那天，一名漢族男性和女性突然出現在校園裡。我之所以認出他們是漢人，是因為他們的樣子就像大家形容的那樣，尤其是他們的鼻子。再者，他們的頭髮也跟我們不一樣，是短的。

男同學們看到他們，都好奇地圍了上去。蔻蘇兀和我也謹慎地靠近他們。蔻蘇兀落在後面。「他們真的像大人講的那麼危險嗎？」她低聲對我說。

「你怕不怕他們把你吃掉？」我逗她說。

「你瘋了不成？」

沒想到，兩名漢人竟然滿友善的。他們和幾個男同學聊了起來，問我們有誰已經會講漢語了。那名漢族女性手上還有把剪刀。她問女同學，有沒有人願意讓她剪下一束辮子，願意的人她給十元。十元欸！十元對當時的我而言，可是天大的數字，我這輩子可從來沒有拿過這麼多錢。外婆每次差我到村裡買肥皂或是麵粉時，頂多只會給我五塊錢。所以我就在心裡盤算著，這麼多錢，我可以拿來買什麼。更何況，剪掉一束辮子根本不算什麼。我當時頭上頂著的可足足有十九束辮子。多一束或少一束，根本沒差別。「走吧，看誰膽子大。」我這麼挑釁著蔻蘇兀。

她白皙的臉看著我，眼睛睜得老大，一副不敢相信的樣子。「你願意讓人剪掉一束辮子？」

「這有什麼好怕的？賭你不敢。」我進一步挑釁。其實，我這樣子是在讓自己沒那麼害怕。蔻蘇兀卻是一臉不以為然的樣子。她搖著頭，不認同我的做法。

「你呢，小姑娘？你想賺到這筆錢嗎？」漢族女士對我說。顯然她早已注意到我們。我害羞地點點頭。

「那就過來吧。」她慫恿著我。這時的我早已經擠到人群前面，頓時成為同學目光的焦點。到這一步，那是後悔都來不及了，不然臉就丟大了。「怎麼稱呼你呢？」女士問我。

「米日古麗。」

「好美的名字。你今天打算要剪幾束辮子？米日古麗。」

「兩束。」我脫口而出。

「兩束。」她複誦了一遍，在她的聲音中，我聽到了一種肯定。「小朋友們，你們聽到嗎？你們同學好勇敢喔！」

她一邊說話，一邊拿起大大的剪刀，朝著我的頭髮靠近。只聽「喀嚓」一聲，一束深色的髮辮應聲落地。我感到一陣天旋地轉。這時又「喀嚓」一聲。那位女士微笑著。「來，勇敢的小姑娘。」她一邊說，一邊拿了二十元紙鈔給我。紙鈔上，共黨領導人毛澤東年輕時的臉龐對著我微笑。

回到外婆家，我回想整件事，越想越覺得荒謬。我一直把頭轉向一邊，生怕被她發現另一邊少了辮子。那女士真的很笨，不會從我後腦杓那邊下手，偏要挑我側臉容易被發現的部位下剪。

外婆眼睛利得很。「那是誰弄的？」她質問我。我只好把學校來了兩名漢人的事告訴她。

「是她們逼你的嗎？」

「不是啦。」外婆臉色很不高興。這讓我更不敢把賺到錢的事跟她說。「其他女同學，也把辮子剪了。」我特別強調。

但聽了這話只讓外婆更加忿怒。「我不是告訴過你，不能相信漢人的嗎？」

「但他們人很好啊……」我還想辯解。

「人很好。」她氣噗噗地說。「她們把你弄成這副德行！哪個維族男子，會為這樣把漂亮辮子剪掉的女孩心動的？」

我不可思議地睜大眼睛看著外婆。在這一刻之前，我從來沒有想過男人這檔事。但我向她鄭重地保證，今後，我再也不會允許任何人輕易把我一頭長髮給剪了。

到了五年級時，學校所有學生都要開始學漢語了。這時學校派了一位漢人老師胡先生來，一位戴著眼鏡瘦削的先生。他教我們寫漢字。一開始，這些字對我們完全是外國文字。因為我們維吾爾語書寫用的是阿拉伯字母。但現在不得不重新調適：漢字每個字都由一個符號組成，有些字還很複雜。

每天傍晚時，我都會和外婆坐在桌邊練習寫漢字，好把字記得更牢。她對這學習過程非常有興趣，因為她從來沒上過學：她不識字。但隨著我為她解釋每個字的意思，她也能多少彌補這方面的缺憾。也因此，她非常樂意聽我念這些漢語生字。當我給她示範這些字胡老師怎麼發音時，我們常會失聲大笑。因為漢語和維吾爾語真的完全不一樣，字也完全不一樣。但外婆還是努力想把幾個漢字背起來，但卻很少記得住。「沒關係啦。」我安慰她。「所以才要我在啊。」

「是啊。」她意味深長地回答。「對我這已經沒有太大差別了。但是你一定要好好用功，因為這些字是通往世界的大門。它們可以讓你添上翅膀，帶你飛出我們的村子。」當時的我，不懂她這話的意思。但我真的更加努力鞭策自己。我心中暗自決定，要讓外婆感到驕傲。

在開始學漢語一年後，校長宣布所有學生都要參加考試。在我跟外婆提了這件事後，她再也不讓我好好休息了，甚至讓我暫時不用再分擔家務，所有課後的時間，都要我用來準備考試。

「要盡全力啊，我的小花兒。」她給我取小名小花兒，意思是「惹人疼愛的花朵」。「給他們瞧瞧你的本事。」考試那早她在我耳邊輕聲說。

我覺得那一定是句神奇的咒語。因為這一天，神奇的事出現了。從開始解試卷上的第一題時，我就發現考題竟然這麼簡單。那一整天，我一直覺得外婆好像就站在我後面，不斷把正確的答案給我看。我的腦海中不停地出現考卷的答案，只要依樣把這些字謄寫在考卷上就可以了。

兩個禮拜後，校長把我叫去。一開始我有點害怕，因為我以為是我做錯了什麼事。來到校長室門口，我怯生生地敲門。「請進。」裡頭回應道。

打開門後，裡頭不只有校長在，漢語老師胡先生也在。「你還站那邊做什麼？快進來啊。」他用漢語親切地叫我。

「恭喜啊。」我一踏進去，校長就說。校長突然間也說起漢語來了。我非常的不安，這一切究竟意味著什麼呢？

「你拿到最好的成績。」校長開門見山就說，手指向擺在他面前桌子的那疊考卷。

「真是太棒了。你多大了，米日古麗？」

「十二歲。」我回答。

「你和外婆一起住是嗎？」

我害羞地點點頭。

「那外婆知道一定會很開心的。」他說。「這為你贏得了獎學金！暑假過後，你就可以去另一間學校上學，是一間廣州的寄宿學校。這可是份大獎。你開不開心？當然每年寒暑假都還是可以回家鄉來的。」

我心中喜憂參半。外婆肯定是會開心的。但這不就意味著，我要到外地住了。

「廣州在哪呢？」我納悶著。

我們那兒離廣州至少有四千公里之遠。要到這個南中國海邊的城市，要花上五天五夜的時間。首先，要搭公車前往庫爾勒市，到那裡會合新疆省同樣被選入培育計畫的小朋友。剩下的旅程則要搭火車，路上會有一位女老師陪著我們。

我的心情說不上是開心。能成為全校最好的學生，我的確感到一絲驕傲。但是以獎學金為獎勵，這事卻讓我無所是從。而且，外婆的心情似乎也在天人交戰之中。一方面她對我的厚望終於得以實現。「那可是大好的機會啊，孩子。」她強調了好多遍：「如今你的人生無可限量了。」但，另一方面，收下這筆獎學金也意味著，我們祖孫倆要被拆散了，這讓她頗為感傷，而我也一樣。

但她把這份感受藏在心底。在我出發前的那幾個禮拜間，我們兩人都盡力不想在對方面前流露對於告別的感傷。我私下也問過自己，是不是可以拒絕獎學金，或者讓給別人。但這些想法肯定很異想天開：因為不管是校長或是胡老師或是外婆，從來沒有提到過。唯一明確的道路就是，學校方面要你怎麼做，你跟著做就對了。

那段期間，外婆也只是一再地說，用功念書、找到好的工作對我有多重要。「我要你擁有自己的事業，成為女富豪。」她這麼激勵我。「這樣你再也不用住在我們村子裡，給羊兒擠奶了。」

當時她整個人都沉浸在這個想法中。而我又那麼愛她，想要讓她高興，她的願望就成了我的願望。「到時候，我就給你買件漂亮的外套，我們再一起前往麥加朝聖。」我向她保證。

一直到要出發的那天，我們才再也演不下去。在巴士站前面，我們祖孫倆放聲大哭。「別忘了給你爸爸打電話，這樣他才能讓我知道你學業在進步。」她這麼提醒著我，因為她自己並沒有電話。然後巴士就到了。我非丟下她上車不可了。我透過車窗不斷和她揮手，看著窗外的她身影越來越小，我的心都碎了。

踏上這趟旅程後，我才瞭解，自己是住在多麼大的一個國家。一開始，我們要先穿越塔克拉馬干沙漠重重巨大的沙丘，然後再穿過圍繞在沙漠旁、白雪靄靄的山脈。之後再前往烏魯木齊，這座現代化的新疆省會中有著摩天大樓和星羅棋布的街道。但最大的驚喜，是當我們出了新疆省的時候：突然間整個景致變得綠意盎然，不再像我的家鄉了。鐵路再繼續開過大型城市如甘肅、西安、武漢，一直到第五天時，終於來到了海邊。

我們來到目的地了。踏下火車時，我才突然意識到自己來到中國。其實，我本來就一直住在中國。但是一直到那一刻之前，我從來沒有意識到這件事。在新疆時，漢人在我們眼中就像外國人一樣。但現在，我身邊出現的全都是漢人了，換成他們看我的眼神，彷彿我才是外國人一樣。這讓我非常的錯亂。

廣州是一座大城市。那邊的種種都讓我很不習慣。空氣比較潮濕，像是排放廢氣的味道，天氣也比較溫暖，人們在街上來去匆匆，手中始終拿著小小的電話機在打電話，汽車橫衝直撞。我覺得自己好像降落在月球上一樣。而最讓我生氣的，就是大家突然間都對我講漢語。因為，儘管在村裡學校我的漢語成績是最好的，我卻還無法流利使用漢語。一開始，他們講的話，我只聽懂一部分。

我睜著老大的眼睛，跟著女老師走進新校舍，那是一棟巨大的現代化建築。我的宿舍在八樓，同一寢室還有其他五位女生，她們全都是漢人，來自中國各個不同地區。大家一邊鋪床一邊聊天。但我卻一句話也插不進去。我一直想要聽懂她們在聊什麼，但卻很難辦到。好不容易她們問了我一個問題，我卻只能聳聳肩。讓我覺得好喪氣。我一句話也講不出來，覺得自己好沒用。在校園和食堂裡遇到的其他維吾爾女學生，大概也都遭遇跟我一樣的情形。但是，當我們幾個維族學生想聊聊天時，學校老師會打斷我們：他們說，我們應該盡量只用漢語交談。就是因為這個原因，才刻意在每間宿舍只安排一名維吾爾學生住宿。

一開始，我覺得要適應新生活好困難。我飽受思鄉之苦。我想念從前的同學、鄰居家的女兒蔻蘇兀、我家的羊，還有沙漠潔淨乾爽的空氣、新疆夜裡的涼意，以及阿姨做的蒸麵條。我尤其想念外婆。我恨不得能再一次早上被她叫醒，逼著我去晨禱。或者與她一起去挖菜收成，或早上一起去清理羊圈糞便。

離家的時候，爸爸給了我一把舊的手機。但我不能撥出，因為我還沒有點數可用。但是每隔兩個禮拜跟他短短通話時，我總是很開心。「學校一切都好嗎？學習都順利嗎？」他問我。

「是啊。」我沒說實話。因為我實在無法說出口，告訴他我交不到朋友，在課堂上一個字也聽不懂。

「外婆也要我幫她轉達她對你的愛。」他偶爾會這麼說。一聽到他這麼說，我的心就跳得好快。但我也很擔心，因為我的獎學金只有一年，之後能不能繼續獲得獎學金資助，就要看我在校成績表現了。而當下我完全無法想像，我的成績要怎麼好起來。萬一要是一年後，我回到故鄉，告訴她，我沒能善用好運達成她的希望，那她會怎麼樣？到時候她一定會對我很失望的。「你怎麼沒有好好用功呢！」我心裡已經聽到她的責備了。

擔心會辜負他們期待的恐懼，激勵了我，讓我開始認真學習。我下定決心，要學會許多的漢字，好讓我能夠看得懂那些漢字寫的課本，也能聽懂課堂的授課。因此我只要有空，每一分鐘都在練習和溫習漢字。即使其他女生都已經睡了，我也躲在被窩裡，靠著手電筒看書。因為，只有這個時間我才能真正自由支配。除此之外，白天的時間都被上課、共同用餐，以及足球、排球等活動所嚴格限制了。

慢慢的，我的漢語越來越好。隨著漢語變好，我就發現，比較能夠聽懂並且瞭解同學們聊天講的話。老師的授課，也不再像一開始時那樣難以理解。但即使是這樣，我還是覺得非常寂寞。或許是因為，我花了太多時間在學漢語，又或許是因為我本性比較害羞的緣故。總之，我始終還是無法和那些漢族姑娘們打成一片。

因為沒有朋友，讓我更加心向宗教。過去，我並沒有那麼認真看待伊斯蘭信仰，因為在我們那裡，伊斯蘭信仰很自然地融入了日常生活中，而不是主導著一切。但現在，信仰突然間變得很重要。我想，是因為它代表了我和故鄉最後的連繫。我的信仰，是我和學校其他同學們最大的不同。因此，我說什麼也不願意放棄我的信仰。我變得跟外婆一樣，開始堅持要遵循伊斯蘭祈禱時間，尤其是晨禱。

每天早上，當其他同學還在睡覺時，我會提前下床，戴上頭巾，輕聲地誦念外婆當年所念的那些祈禱經文，連那些動作和程序都照著做。透過這樣的方式，我感覺她離我好近好近。我知道，要是她看到我這樣，肯定會高興的。在祈禱儀式後，我還會加進一段話，是自己臨時想跟阿拉講的：我會像和好朋友閒聊般，告訴祂日常生活，還有不能跟別人說的祕密。我還會告訴祂，自己的憂慮、願望，以及自己覺得不光彩的作為。這對我產生了不可思議的平靜效果。每次這麼聊過以後，就覺得那一整天都百毒不侵，覺得好像有一個更高的神力保護。只要有祂的護持，什麼都不能讓我偏離了正軌。

「你在做什麼？」有天楊嘉莉起床後，正好看到我對著麥加在磕頭，就這麼問我。楊嘉莉是睡我下鋪的女孩。其實之前好幾次，我爬下床鋪梯子經過她時，就有注意她眼睛在眨。她那時可能以為，我只是要去洗手間，所以就又回頭睡了。但今天她是確實看到我的舉動，所以就在事後問我。

「我剛剛在禱告。」我據實相告。她不解地看著我，很顯然不懂那是什麼意思。又或者，她以為是我們有用語上的誤解。「我剛是在和神說話。」我又講得更明白點，希望把我的舉動說明得更清楚。

但她的臉上卻浮現了更多的問號。「和神？」她回答我。「那是什麼？那是什麼意思？」

這下子，我也開始懷疑起來，是不是我表達得不對。我的確認識漢語「神」和「禱告」這兩個字，但或許我該用不同的方式解釋？但現在要準備上學了，所以沒時間多談。但我暗自決定，要再查一查字典，因為不管怎樣，我想給楊嘉莉一個滿意的回答。

到了傍晚，吃過晚餐以後，我們又繼續聊這個話題。我在筆記本上寫下這兩個字給她看，以確定她懂我所要表達的意思。她笑了。「你相信世界上有神？」她覺得好笑地問。

這讓我不解。「對啊，那是當然的。難道你不信嗎？」

「對啊，那是落伍又不科學的東西。」

我們端詳著對方，彷彿對方是從另一個星球來的生物一樣。因為這對我們倆而言，都是從來沒有過的經驗。楊嘉莉想要知道，我所說的「神」是怎麼一回事，我則心中浮現疑問，要是不信神，那她信什麼。「如果沒有神，那你說，地球和人類是怎麼創造出來的？」我質問她。

「喔，地球是從宇宙大爆炸誕生的。人類則是起源自猿猴。」

「這話連你自己都不會信！」

「才不，我信的。」她眼睛眨都不眨地說。看來她不是騙我的。

「那我相信，我是神創造的。」

「沒有神這回事！」

「明明就有神。」我頂了回去。

「你憑什麼知道？」

「我每天早上都和祂說話。」

「然後呢？祂有回答嗎？」

「當然有。」我一頭熱地說著，我的神是怎麼帶領我、保護我。楊嘉莉和其他女生聽得聚精會神。「我有什麼心煩的事都跟祂說。」我說。「祂會告訴我，應該選哪條路走。」

「這事是我爸媽在做的。」室友王朝華插嘴道。

「對，但神做得好很多！」我這麼主張。

「怎麼說？」

「你看，因為祂隨時都在！就連手機不通了，也可以和神對話。」

王朝華點頭表示贊同。

「另外，當我做錯事時，也可以對祂坦白，求得祂的寬恕。」

我這麼一講，同學都感到好奇了。這次聊天後，楊嘉莉和王朝華就開始常來找我，要我多講些關於我的神和伊斯蘭信仰的事。一開始我以為，她們是想尋我開心。但之後我才發現，她們是真的有興趣，所以就開始把我知道的全告訴她們。而且她們還去找相關書籍。當我們開始在學校使用電腦後，就一起上網找資料。這讓她們也開始注意到，我的信仰方式和正規伊斯蘭戒律有出入。

「但是你並沒有一天禱告五次啊！」王朝華有次這麼質疑我。

「對啊，但我最少有一遍。」我為自己辯護。

「而且你也不戴頭巾！」

「不是所有女人都一定要戴頭巾的。我們村裡很少人戴。」我跟她解釋，這些戒律並不是像刻在石頭裡那麼一成不變，可以視個人生活環境不同來調整。

「你可以教我怎麼禱告嗎？」她這麼拜託我。

讓人改信伊斯蘭教從來不是我的本意。但楊嘉莉和王朝華卻一直緊追不捨。或許是因為我們住在寄宿學校，讓她們嚮往靈性生活。總之，她們就是一直追問，要怎樣才能成為穆斯林。這可把我問倒了。這時我就恨不得這裡有伊斯蘭神職人員可以請教。但是，我們並不能到清真寺去，因為不能離開校園。所以我們就上網查，要怎樣才能成為伊斯蘭教信徒，也讓我們找到了答案。「這邊說，要取個伊斯蘭名字，同時要有穆斯林當見證，說出這句清真言。」我大聲念了出來。

「清真言？」

「對，指的是伊斯蘭信念。」

伊斯蘭信念我當然很清楚，還能用阿拉伯語念出來。畢竟，每個禮拜五都會在清真寺裡聽到。所以我隨口就念了出來：「*La ilaha illa Allah wa Muhammad rasul Allah*——萬物非主，唯有真主，穆罕默德是真主的使者。」

她們兩位漢族女生肅穆地跟著我複誦，然後滿臉期待地望著我。「還要給我們起個名字。」王朝華提醒我，她個性就是凡事一板一眼。所以我們就決定，從今以後，王朝華就叫「穆里曼」，而楊嘉莉則是「艾伊莎」。

「這樣可以了。」我說。「你們以後就是穆斯林了。」

她們一臉不可思議，但隨即綻出笑容。「真的嗎？」兩人開心地問我。

「對，真的。」我對她們保證。「恭喜你們了。」

楊嘉莉和王朝華和我成了莫逆之交。在寄宿那五年的時間裡，我們一直住在同間寢室。大家總是互相喊對方的伊斯蘭名字，她們喚我米娜。在寄宿生活之外，我們共同打造了一個祕密世界。這兩位宗教閨蜜，比起我來還要謹守伊斯蘭教的戒律。

比如說，她們立刻就戒除了豬肉，並戴上了頭巾，還會批評我沒跟她們一樣。但這事她們來做要比我容易，畢竟她們都是漢族姑娘。她們沒有宗教信仰的限制，要信什麼都可以。但我可不能夠如此，身為維族人，老師們都期許我要儘可能地融入，而又因為我立定志向，不想讓自己的學業受到影響。外婆的話言猶在耳：「只要努力，沒有什麼你辦不到的。」

而我辦到了。我非常勤奮用功，我的漢語程度早就已經與母語者不相上下。而每一年的期末考前，我更是準備到頭痛欲裂，眼冒金星。這些考試很重要。因為只有考得好，下個學年才能繼續拿獎學金。而且，我是只准成功不許失敗。我可不想灰頭土臉回到老家，跟外婆哭訴沒辦法繼續升學。要是那樣，我是永遠也不會原諒自己。

但是，光靠獎學金，想在廣州這地方求學生活卻是不夠的。獎學金只支付學費和住宿費，但食衣問題卻是要學生自己負擔。同學幾乎都是爸媽匯錢給他們。我爸爸也是按月匯錢給我，但這份錢卻不夠用，因為廣州的物價比新疆高。就算在學校食堂裡用餐時，我都只點最便宜的菜色吃，剩下的錢也還是不夠拿來支付筆記本和洗髮精。

我很清楚爸爸沒辦法提供更多錢給我，所以我也就不再向他討。但我得自己找個管道賺錢才行。我去找學校食堂的經理，問他廚房裡需不需要人幫忙。他一臉同情地看著我。「但你還要上學，你什麼時候能來上班？」他這麼問道。

「周末！」

學校禮拜六、禮拜天沒有課，有些學生會趁這時回家。但我當然沒有辦法。因此他最後也就被我說服，讓我周末來食堂洗碗幫忙。能得到這個額外賺錢的機會，我非常開心，因為要是能再節省開支，或許就可以存下一筆錢，在畢業後，給外婆買一件外套，實現我離鄉時的承諾。

但廚房工作可不是我唯一的工作。隨著在廣州待得越久，我找的工作就越來越好。我在廣州交易會幫過忙，也為一家進出口公司擔任翻譯。到後來，我的收入在女學生而言算是滿好的。因為有錢了，我也買得起手機，這讓我和家鄉家人的通訊變得更簡單。這一來，每個禮拜我就可以和我爸多通幾次電話。

爸爸是個聊天的好對象。雖然我小時候沒機會和他多相處，但我總覺得他很喜歡我，而且也一直極力支持我。同時他也鼓勵我，要在學習上多投入心力。「像這樣的機會，很多人都得不到。所以你要好好把握。」他常這麼跟我說。而在他的話聲裡，我也總是覺得好像聽到外婆的聲音。

我依然時常想念著外婆。每當我問到她時，聽到的總是她很好這樣的回答。但我卻始終沒能和她說上話，因為她住的地方沒有電，也沒有電話。真的很遺憾，就這樣好幾年下來，我始終沒能和她說上話。不知道她究竟過得怎樣？我已經迫不及待，想要趕快考完畢業考，回到家鄉，把她抱在懷裡了。

五年後，當我以優異的成績從學校畢業後。我又拿到一筆獎學金，可以赴大學進修。我自豪地踏上飛往烏魯木齊的飛機，接著轉機飛往庫爾勒。在寄宿學校時，我已經跟我的閨蜜們道別了。「能回家了，你高不高興？」穆里曼問我。

我卻不知如何表達自己的雀躍之情。

班機只飛了八個鐘頭。說來好笑，比起當初從新疆出去時搭火車所花的五天五夜，時間短得可以。可是對我來說，這八個小時卻像永遠一樣的長。終於，我看到故鄉新疆那貧瘠、乾燥的景致在我的腳下浮現。那巍峨高聳的大山閃著白色。我的心跳開始加速。我有多麼想念這一切啊！

父親和姨媽曼齊兒在機場候機。我打老遠就看到他們，快步趕上前去。但外婆沒一起來，讓我感到一絲絲失望。沒錯，她年紀大了，不該讓她奔波勞累，我告訴自己。

我親親爸媽，讓同父異母的弟弟幫我拿行李箱。沒想到，再看到他時，他已經是小大人了。「真高興再見到大家。」走回車上的路上時我說，車子是爸爸特別為了接我而跟鄰居借的。但有件事悶在我心裡一直想說出口。「我們要立刻去外婆家嗎？」

爸爸眼睛看著地上，然後慢慢地搖了搖頭。「請你原諒爸爸，爸爸應該早點跟你說。但是我覺得，要是讓你知道了，一定會弄亂你的心情，害你無法專心念書……」

「怎麼了嗎？」我緊張地問。

「外婆已經不在人世了。」他嚥了口水後說。「她已經過世兩年了。」

第2章 一波多折的婚禮

空服員再一次穿過走道，告訴最後的那幾位乘客，請他們把電子器材關掉，並且繫上安全帶。我旁邊的先生露出和善的笑容，結束通話後，就將手機改為飛航模式。然後飛機就駛進起飛跑道，隨即飛上空中。

我深深吸了一口氣。在空中的感覺真好。飛機正載著我飛向開羅，我要去那裡留學。外婆過世後，我對故鄉已經沒有太多留戀的地方。一開始我先回到廣州，在那裡拿到商業管理學士學位，然後在進出口公司上了一陣子班。但我一直想到國外再讀一個碩士學位。我最想去的是倫敦，但那邊太貴了，而且也沒有獎學金。最後我成功申請到開羅留學的機會。這樣的折衷，對我剛剛好。我心裡的打算是，用我存下來的錢，加上外婆留給我的一點遺產，還有父親給我的一點資助，應該夠我撐過第一年。我在大學時已經學了一點阿拉伯文，更何況，阿拉伯語我很熟悉，因為每次禱告，都會誦念古蘭經經文。

「你一個人搭機前往埃及嗎？」坐我旁邊的先生問我。

我打量了他一下：他穿著體面，淺褐色的眼珠，長長的睫毛。他的輪廓透露，他應該是阿拉伯人，但他卻用英語和我交談。「是啊，我要去開羅的不列顛大學念書。」我用他的母語回答。其實我會的阿拉伯語不多，但這一說還是讓這位先生很興奮。

「這樣啊！你講的出奇的好。」他這麼強調。這當然不是真話。但他肯這麼說，顯得他很客氣。除此之外，他也告訴我，他不久前剛從我要念的那所大學畢業。這真讓人不敢置信。

「真的嗎？」

「真的啊。真巧，不是嗎？」

這位先生自我介紹說他叫瑪穆德。空服員幫我們上咖啡和餅乾時，我趁機問了他關於開羅，特別是那所大學的事。他描述得非常生動，並且讚美那裡洋溢的國際氛圍。「很多跟你一樣的外籍學生到那邊念書，因為該校名聲很好。」

「那老師呢？」

「多數是埃及人，或是其他阿拉伯國家來的。所以你既然已經先學了點阿拉伯語，那就有幫助了。」

「我也會上語言課程。」

他表示說我這打算很好。瑪穆德跟我保證，不列顛大學的研究和教學水準都很高。「就是英國本土的水準。」他這麼說。「拿到這所大學的學位，世界的大門就為你打開了，其學歷到處都承認的。」

我聽得很開心。我原本就是希望能這樣，因為，我還不是很確定，畢業後是要回中國，或者回新疆去發展。或許我可以成為國際商界女強人，或者至少朝著這個方向前進。瑪穆德剛好也是生意人。他跟我說，他經常飛廣州，在那邊採購服飾，為他在開羅的服飾店進貨。「中國製的服飾，比土耳其要便宜的多。」他道，「品質則與之差不多。或許到時候你可以到我店裡來看看，再跟我說說你的意見。」

「我一定會去的。」

接下來的航程，我們就這麼聊個不停。十個小時後飛機降落時，我一點也不覺得累，反而是非常的興奮。瑪穆德叫了計程車，送我到我要過夜的住處。他還說，要是有什麼需要就和他聯絡。「隨時打給我。」他說，「不管什麼事都沒關係。」

我們就這麼交上了朋友。在我一開始落腳新環境時，瑪穆德幫了很多忙。他帶我到開羅四處看，跟我介紹這裡的一切。

原本我是住在學生宿舍裡，裡頭有一大票中國學生，也有維吾爾學生。但我覺得住得很不自在。主要是因為那裡不太乾淨，同時，房租也高得離譜。瑪穆德於是幫我在校外找了間房，在那邊和另外兩位女性朋友同住：一位是阿拉伯女同學艾亞，另一位則是巴塞隆納來的譚雅，她在這裡當保母。兩人和我處得都非常好。

三人租屋的生活，讓我想起了當年在寄宿學校的時光，不同處只在這裡更自由，還有自己的房間。這邊不會有人規定一天的行程，或者要吃什麼，要穿什麼，就寢也自由。另外，這邊的課程也不像中國有那麼多規定。到這邊，我終於可以選自己有興趣的課程了。我才是自己的主人！

在宗教方面，這裡自由得多。在埃及自稱是穆斯林，沒人會投以異樣眼光。畢竟，這裡大部分是穆斯林。這讓我好開心。禮拜五，我偶爾會和幾位維族女生一起到世界知名的阿茲哈爾清真寺去，那邊總是有相當知名的神職人員布道。這我們絕對不想錯過。而當然，在踏進清真寺前，我們也會綁上頭巾，好遮住一頭染成金色的時髦髮型。

一切都進行得很順利。同時，我的阿拉伯語也變得流利，讓我更有信心，能夠在學業上大有進展。我不知道還有什麼會打斷我的計劃，這時的我，已經感到畢業在望了。卻沒料到，天有不測風雲。

埃及爆發政治動亂，阿拉伯之春就此展開。在突尼西亞獨裁者班・阿里（Ben Ali）被推翻後，開羅人民也開始走上街頭，對長期執政的穆巴拉克總統發起示威遊行。尤其是那些跟我一樣年紀的年輕人，他們再也不能忍受埃及政府治理不力、國家專制，還有無數的打壓手段。年輕人們要求更好的生活品質、自由，以及社會正義。

這一切讓我看得興味盎然：原來，人們竟然可以在公眾場所集合，大吐心中不滿，這給了我全新看待事物的態度，也是我在中國從來沒有遭遇過的事。或許，我們也跟他們一樣，有充分理由想要一吐心中怨氣？至少在我的家鄉新疆那邊，漢人總是高高在上，將他們的意志強加在我們身上，我們不也可以同樣為此走上街頭嗎？想到這裡，我不敢再想下去。這裡畢竟不是中國，而是埃及。那我要加入他們，一起示威嗎？還是不要吧，我暗自決定：畢竟這不是我的國家，而且這也不是我的戰鬥。然而看到他們以短短四周時間的示威就成功推翻了暴政，讓我為埃及人民感到高興。

我和瑪穆德一起慶祝；我們都感到很開心。但中國政府可就沒那麼開心了。埃及人民革命成功，讓北京領導人緊張了起來。他們可能是擔心，開羅民眾對於當權者的反抗想法會蔓延到中國。總之，中國政府於是下令，所有在阿拉伯國家的中國留學生都要回返中國。官方的說法是，中國共產黨擔心我們學生在當地的安危。但我私下猜想，這背後其實另有原因：尤其是這場阿拉伯革命，有著很強烈的宗教元素滲在其中，這讓穆斯林兄弟會士氣大振，開始與北京當局產生摩擦。

當我接到要立刻回國的電郵要求時，可以說失望至極。能到國外留學，一直是我的夢想。而因為我的家世背景並不富裕，又無權無勢，為了實現這個留學夢，我可謂歷經千辛萬苦。但他們卻要奪走我努力的成果。

「我不回去。」傍晚我們幾個女生聚在一起吃艾亞煮的扁豆飯時，我說出自己的心聲。「為了留學我付出那麼多。」

「我能理解。」阿拉伯閨蜜說。「但你又能怎樣？這可由不得你抗命，對吧？」

「這個嘛……」我在心裡盤算。這的確是個問題：要是我抗命不回，繼續留在埃及會怎樣呢？一開始不會怎樣。但過一陣子，大概幾個月，簽證就會過期，無法再延簽。最後還是得離開埃及。等回到中國時，可能會因此惹上一身麻煩。不行，這怎麼說都不是個聰明的點子。想到這裡，我不禁意氣消沉。

「好吧，中國留學生是必須回去沒錯。」艾亞推論道。「但那些有永久居留權的中國人呢？」

「他們不一樣。」

「既然這樣，那你也可以爭取永久居留權。」

「那該怎麼取得呢？」

「你可以接受嫁給埃及人嗎？」

我不可思議地看著她，但腦裡卻開始盤算。這個乍聽之下很荒謬的提議，仔細想來，卻最具可行性。一旦成了埃及人妻，就能被允許留在這塊土地上，在埃及這個父系社會中，女性一向被視為男人的資產，婚姻關係就成為助力。「但我能跟誰這麼快就成親呢？」我在腦海中再次盤算著。

我幾個閨密彼此交換眼神，似乎欲言又止。然後她們突然哄堂大笑。「喏，眼前不就有一個現成的人選嗎？瑪穆德啊！」譚雅道，艾亞也用力點頭。

「瑪穆德?!」我不知道她們是怎麼想到這個荒唐點子的。顯然是注意到我和瑪穆德走得很近。畢竟這不是算甚麼祕密，但那並不表示，我就能隨口跟他說，要他和我成親。光想到這事就讓我臉紅。「但我們只是朋友……」我接著說。

「那又怎樣？」譚雅逼問，她一向很務實。「又沒差。你們只是文件上結了婚。重點是，你可以不用回國。」

「你就開個口會怎樣?他一定會同意的。」艾亞慫恿我。但我非常排斥這件事。我寧可去求一個陌生人，也不要去麻煩我最好的朋友。瑪穆德會怎麼看?以為我愛上他了?還是更糟，覺得我在利用他的善良厚道?

艾亞手中摸著面前椅子上的罩袍（伊斯蘭婦女規定服飾），她出門時原本穿著的，但這時脫下來了。她喃喃自語地說，我們外地人比她想像的保守得多。「但你的處境我可以瞭解。」最後她微笑著這麼說。

萬萬沒想到的是，聽完我解釋後，瑪穆德竟然欣然同意。我一點唇舌都不用費。「我們當然要結婚啊!」再下一次，我們在大學附近的一間學生咖啡廳見面時，他這麼告訴我。「我早就跟你說過了，我永遠都會幫你的。」

他的話讓我尷尬得羞紅了臉。「你人真好。」我不知該說什麼，只勉強擠得出這句話。

「你說這什麼話呢?這可是我莫大的榮幸。」

於是，接下來的幾個月，瑪穆德和我就開始籌辦婚禮。儘管只是假結婚，但還是有很多事要辦。像是政府要求的文件證明。我們要出具各自的出生證明，還有學校證書。另外也需要中國政府核發的官方證明，證明我在中國是未婚狀態。

這最後一點當然有麻煩。因為依規定，必須由我父親作證，證明我是未婚狀態。這件事沒有別的方法，一定要開口跟父親說，請他幫我準備這份文件。但我一提他馬上就起疑心。「你為什麼需要這種證明？」當我在電話中提起時，他問我。

「是給學校用的啦。」我騙他。「你不知道學校要求很多的。如果不出具證明，他們就不發給我就學許可。」說起來這倒也算不上說謊，因為要是不這麼做，我是真的沒辦法繼續念了。

「好吧，我看看要怎麼做。」爸爸一副不相信的樣子。

「這很重要的。」我繼續給他施壓，不然他一定不會當一回事。「我跟你說，沒有這個證明，我的學業和事業就全完了！」

等到所有文件都齊全後，我們覺得應該跟戶政事務所約個時間。但根據埃及法令，婚禮還要有證人才算完成。這邊的婚禮不像我們那邊，就算只是登記結婚，沒有家屬，依規定就是不能舉行。我的情形倒是簡單的多，只要謊稱家人都在中國，無法前往埃及參加婚禮即可。但瑪穆德的情形，就沒那麼好找理由了。我們編了一串荒謬的原因：我們謊稱，他的兄弟姐妹都移民他國，而爸媽則年紀太大不克前來。這全都不是真的。事實是，我們完全沒有通知家人，因為這畢竟只是假結婚。

最後，我們還成功說服了戶政事務所，讓裡面五位員工代替我們家屬，當我們婚禮的見證人。

克服了這項障礙後。終於能夠進入結婚計劃中讓人愉快的部分：挑選婚禮禮服。我堅持要穿白色禮服結婚。「畢竟，不能讓官員們起疑。」我用這個理由說服瑪穆德。但其實是，儘管是假結婚，我卻慢慢興奮起來：這是我的婚禮啊！這可是我人生中重要的一天，我當然要穿得像回事，打扮得美美的。

瑪穆德什麼都依我。「對啊，我要看你穿著一襲白色婚紗。你一定會非常美，米日古麗。」他說。

瑪穆德還要我讓他負擔新娘禮服的費用。我跟他說，你瘋了不成。為什麼要讓他負擔費用？畢竟他做這些，都是為了幫我。但他堅持要付。所以我就跟閨蜜艾亞一起去試禮服。每天傍晚下課後，我們就去試穿，整個開羅的婚紗店都被我們翻了過來。

這真是一段教人難忘的時光。有時，我們會在上街採購時意外遇上大型示威。整個開羅鬧哄哄的，非常的緊張。革命後，不同的組織互相爭鬥，都想要獲得權力。埃及有史以來第一場自由選舉，是由穆斯林兄弟會和穆斯林原教旨主義者（遜尼教派的一支）勝選。但很多參與革命的非信徒並不接受選舉結果，因此兩方就這樣示威來、示威去。即使二〇一二年六月，穆斯林兄弟會成員穆罕默德・穆希（Mohamed Mursi）贏得總統大選，示威依然不斷。前總統穆巴拉克的餘黨，以及埃及境內世俗人士勢力，都不願接受穆斯林兄弟會的勝利。但這一切，我都是隔著一層紗去認識，那就是我的婚禮面紗：對我而言，能和瑪穆德一起去戶政事務所結婚，比這些重要多了。

終於萬事俱備了。戶政事務所的時間也約好了，衣櫃裡也掛進了一件雪白、亮麗的新娘婚紗、面紗還有拖裙。當然，這些都還不能讓瑪穆德看。他自己找了一套合身黑色西裝，非常的高雅。當他看到我下計程車時，兩顆眼睛差點要掉出來。「滿意嗎？」我問他。

「我是積了什麼陰德？娶到你就像贏得彩券一樣幸運。」他回答我。

瑪穆德拱出臂彎等我去挽住。當我們肅穆地踏進戶政事務所時，我有些後悔，我們竟然一個觀禮賓客都沒有邀請。接著我們就來到那群公務員面前，兩人都覺得好尷尬。「你願意嫁給這位男士嗎？」主婚人問我。

「是的。」我輕聲說。

瑪穆德隨即也表示同意。公務員接著就宣布我們正式完婚，成為夫妻。然後瑪穆德為我掀起面紗，並親吻了我。這一切都好完美，讓人都要信以為真了。那幾位為婚禮擔任見證的公務員接著祝福我們，還送我們甜點。當我們離開戶政事務所時，我覺得自己好幸福。那一刻，真與假讓人難以分辨。

瑪穆德後來跟我坦承說，過去他私下就一直在默默禱告。「神啊，請讓她真的成為我的妻子。」同樣的念頭也曾在我的腦海一閃而過。但是我們兩個都太害羞了，瑪穆德事後只是開車送我回家，途中兩人沒再提起這件事。

這之後，我們兩人之間的關係出現了變化。就好像那場婚禮觸動了某個開關一樣，尤其是瑪穆德的開關。沒錯，過去他本來就凡事依我，對我很照顧體貼。但現在他簡直是把我捧在手掌心一樣。因為，就婚約而言，我已是他的新娘，所以他就覺得要負起責任照顧我，保護我的安全和健康。

比如說，那陣子因為執政的穆斯林兄弟會想將法律伊斯蘭化，所以只要他一聽說我大學附近有動亂，就會立刻打電話給我，問我人在哪裡。他不想讓我不小心遇到示威群眾，因為這對女性特別危險。尤其是外國女性，在那邊常會被騷擾，或是被人動手動腳侵犯。而要是他抽得開身，就會親自開車來載我，送我回家。要是抽不開身，他也會要我搭計程車回家，事後再幫我付車資。一副好像他真的是我老公一樣。而有時候，我也希望真是這樣。

我滿心期待著他會有動作，因為我不敢自己去開口。每次他開車送我到家後，我都會以擁抱向他道別。從他發亮的眼神中，我知道他有多麼喜歡。但是我不會親吻他，因為我怕他會覺得我是隨便的女人。畢竟，他是虔誠的穆斯林家庭出身。也是因為這樣，他會這麼矜持。這是他對我的尊重。

「瑪穆德，」有天我們在車裡時，因為我越來越渴望能在他的身邊，能真的和他有肌膚之親，所以就對他說，「你會不會偶爾覺得，要是我們真是夫妻就好了？」還好那時天色已暗，所以才沒讓他發現我已經羞紅了臉。

「啊，米日古麗。你就是我夢想的妻子啊。」他說。「再沒有比真的和你成婚更讓我熱切盼望的了。」他牽起我的手，親了親。然後，突然他就吻上了我的雙唇。我們之間的那層禁忌被打破了。

從那一刻起，我們才成為伴侶，一對真正的伴侶。我的意思是：情侶。在外頭，是革命後所掀起的腥風血雨，而我們兩個，則飄浮在幸福的粉紅雲朵之上。只要有空就黏在一起，你儂我儂。要不是手牽著手去逛街，就是在家裡約會，而我那些閨蜜早就料到了。我想，在某方面，他們可能比我們還早意識到，我和瑪穆德之間終究會走到這一步。至少，建議我們結婚的艾亞可能早就已經察覺了。而譚雅自己則有個穩定交往的男友艾爾方；他剛好也是維吾爾人。他們兩個也不介意，我們家多個男人進進出出。之後我慢慢開導矜持的瑪穆德，告訴他我們這樣並沒有什麼不對，因為他已經是我的丈夫了。「沒錯，我是。」他驕傲地回答。

但我們還有一個大問題沒有解決。我們都還沒跟雙方家長提到這件事。因為這樣，所以瑪穆德始終還不能在我家過夜，因為他的媽媽希望他能夠每晚都回家睡。更不用談要住在一起，或是生兒育女這類的事了。

瑪穆德於是催著，想結束瞞住家人的狀態。「我想認識你的家人，也想把你介紹給我的爸媽。」他說。「我想要辦一場盛大的婚禮，邀請所有人一起來。」

「那一定會很棒。」我答。我同樣也希望得到我父親的祝福。但是只要一想到，當他知道我竟和阿拉伯人私下成親的反應，我的胃就糾結在一起。「還是先別讓我爸媽他們知道我們先斬後奏吧。」我跟瑪穆德商量。

「你覺得該怎麼辦？」

「我想先把你介紹給我爸，然後讓他在沒有壓力的情況下，同意我們成親。」

他點點頭。「這樣做才對。」他說。在他的贊同聲中，我幾乎聽到了一絲悔恨，表示他認為我們不該一意孤行，逕自成婚。埃及這邊也是這樣，按禮俗，新郎應該先拜見新娘的父親，並取得雙方家庭的贊同。然後雙方才會討論嫁妝的事。結婚一般對夫家是開銷很大的事，因為他還要送新娘金飾。另外，男方也要負責準備新人入住的新房。或許瑪穆德就是因為這樣，有點婚前怯步。但事情已經發生，不可能回頭重來。現在只能想辦法，把當初急就章、私下成親的事，一點點補救回來，然後重新把事情按禮俗辦好。

於是，下一通打回家鄉的電話中，我就邀請爸媽來埃及。「我已經在這裡生活快兩年的時間了。」我說，「你們也該來看看。」

「你這是發什麼夢？」當巴士司機的爸爸大笑，「你以為你爸中樂透了？」

「我可以向學校貸款買機票。」我騙他。

「唉呀，那貸款你要如何償還？」

「這很容易啦！我在這裡找到一份待遇很好的翻譯工作。」但其實，是瑪穆德要幫我付這筆錢。「拜～託！」我又加了一聲懇求，「我真的好想你們。」

爸爸答應我會好好考慮。但我還是不放過他，我還特別強調，埃及政府正在提倡觀光，要吸引被不穩定政局嚇跑的觀光客回來。「我去看你跟你回來看我，有什麼差呢？」最後他終於讓步了。我們討論好日期，幾個月以後他會來。在那之前，瑪穆德和我的婚事計劃就要暫時緩緩。但對於爸爸來訪的事，我們卻是迫不及待。

二〇一三年中，爸媽飛抵開羅。我和瑪穆德開車前往機場；我必須有他陪著，因為這次見面實在太重要了，我興奮到控制不住自己。幾天後，我們安排雙方家長見面。瑪穆德的父母親早就得知即將會見親家，所以事前做了充分準備。

但是當我父親和曼齊兒共同步入機場入境大廳時，卻渾然不知情。他是個纖瘦，不特別高大的人。但一看到他常戴的那頂傳統布帽子，我立刻就認出他來了，他之所以戴那帽子，是為了要遮住他毛髮不多的頂上風光。在擁擠的機場乘客中，他差點就被淹沒了。我對他揮手。「米日古麗！」他高興地叫我。

「爸爸！」

他急忙向我跑來，張開雙臂迎向我。然後就把我拉向他，給我長長的擁抱。「我的女兒啊，」他道，「能夠再見到你，真是太高興了！」

一等他放開我，我就指著瑪穆德。「這是我的朋友瑪穆德。」我向他介紹。一直到這一刻，父親才意會過來，站在我身邊的外國男子跟我一道。他的臉色忽然一沉。

「你好，瑪穆德先生。」他很制式地跟他握手。「很高興認識你。」

「我也很高興。」瑪穆德回答。

「你們是同學嗎？」爸爸用維吾爾語問我。

「瑪穆德是我朋友。」

「啊。」

瑪穆德幫我父母提行李，然後就載他們到城裡。在前往住宿地點前，我們還一起吃了烤羊肉串。在餐廳裡，我看到爸爸在打量瑪穆德。「這年輕人很體面。」爸爸又用維吾爾語說，然後就問我，他是否已婚。

「沒有。」我回答，「當然沒有。」

「但他是埃及人？」

我點頭，心裡納悶著他這話什麼意思。我覺得，當著瑪穆德的面，我們這樣私下交談很不禮貌。更不禮貌的是，我們講的話他完全聽不懂。所以我就跟爸爸說，有什麼話，等我和他獨處後再問。

「那我們現在把話說清楚。」我們一到他們過夜的地方，他立刻質問我。搭了這麼久的飛機，爸媽其實已經累了，也該上床歇息了。我阿姨也已經在更衣。但爸爸卻有些話不吐不快。「這個瑪穆德究竟是怎麼一回事？為什麼非要帶來跟我認識？」

「我們想要成為夫妻。」我實話實說。

「哼，我就擔心會這樣。」他皺著眉頭說。爸爸陷入沉思，在想該怎麼說才好。

「你剛剛也說，你覺得他人很好。」我提醒他。

「沒錯，他人是很好。但他是阿拉伯人。阿拉伯人和我們不合適。差距太大，通婚是行不通的。他應該去娶阿拉伯女人。而你則應該嫁維吾爾男人，跟你同文同種，懂你的人。」爸爸非常平靜而謹慎地說，並沒有疾言厲色。但他話中的意思，卻為我們的婚姻劃下了不可跨越的巨大障礙，讓我無法接受。

「請你別這麼快就決定，爸爸。」我求他。「我們真心相愛。再過三天，你會和瑪穆德爸媽見面，到時候再決定。」

「不行，這個會面絕對不可能。」爸爸斷然拒絕我，「我已經決定了。」

爸爸態度這麼堅決，讓我陷入困境。雖然我早就料到，他不會這麼輕易點頭讓我嫁人。因為維吾爾人對阿拉伯人成見很深，原因都和宗教脫不了關係：我們指責他們，把伊斯蘭教義詮釋得過於狹隘。除此之外，維吾爾人更厭惡阿拉伯人那種只有他們最懂該怎麼奉行伊斯蘭教法的態度。我父親也是這樣。他認為阿拉伯人信仰上過於狹隘又保守。但這對瑪穆德太不公平了。他雖然出身自虔誠的伊斯蘭家庭，但並不是那種極端伊斯蘭份子。而且，他是我的丈夫。但我卻無法用這個論點說服爸爸。

我對父親展開三寸不爛之舌，一直講到他同意前去會面為止。我們在尼羅河畔訂了間時髦的餐廳。我心知瑪穆德家裡很保守，所以還特別披上一條薄的圍巾在頭上。「你要不要乾脆戴頭巾算了？」爸爸對我這裝扮頗不以為然。

「在埃及這樣穿很正常啊。」我反嘴道，同時也拜託曼齊兒學我披圍巾，好給親家留下好印象。「這是對人家表示尊重。」曼齊兒碎念爸爸，也學我披上圍巾。

當我們踏進餐廳時，爸媽的情緒已經非常低落。瑪穆德一家已經先到了。他們穿上最好的衣服：他爸爸穿了一襲米色長袍，綴有金色飾品。他母親則一身素縞，還有一條綴滿珍珠的罩袍，以及一條正式的頭巾。我父母的穿著，與他們形成強烈對比，因為他們都做現代西式打扮。爸爸穿著一條西褲，一件夾克，他一臉不可思議。「相較於我們，他們顯得好保守啊。」他用維吾爾語對我姨媽說。

「真的。」她贊同他的話，隨之一眨眼就將圍巾從頭上拿下來。

瑪穆德家人帶了禮物來送我們。送給曼齊兒的是一條白色的圍巾，爸爸則是一件米白色袍子，跟瑪穆德爸爸身上穿的一樣。爸爸收下禮物時偷偷翻了白眼，旁人並沒有注意到。然後瑪穆德媽媽拿出一只首飾盒。裡頭裝的是一只金戒指，她用非常鄭重的態度將戒指戴在我的手上。很明顯，她是把這次會面當成訂婚儀式了。但此舉卻把爸爸氣得臉色鐵青。我很怕他會氣到衝出飯店，但還好，他強自忍耐，像是被人灌了水泥一樣，乖乖的釘在座位上。

負責招待的瑪穆德爸媽一切都安排得很妥當。送完禮物後，服務生立刻一一端上晚餐：各色各樣的肉類、鷹嘴豆泥、泡椒、釀葡萄葉、烤茄子、塔布勒沙拉、扁豆沙拉、橄欖、辣蒜醬和尼羅河的鮮魚。這些菜都一小碟一小碟地擺在桌子中間，讓客人可以自己伸手拿。未來婆婆不停地招呼大家別客氣。但我實在太緊張，一點也吃不下。爸媽也說他們不餓，就一直面無表情地坐在那裡。「他們怎麼了，哪裡不舒服嗎？」婆婆終於忍不住，失望地問我。因為語言不通，所以她無法直接問他們。

「他們還睏著。」我不好意思地解釋。

「因為長途飛行的關係？」

「對啊，他們時差調適不過來。」

「這是當然的。」她滿臉同情地看著我，但我好想找個地洞鑽進去，爸媽的失禮讓我好丟臉。

這次讓人膽顫心驚的會面後，已經很明顯，我和瑪穆德打的算盤是成不了了。爸爸氣壞了，還禁止我和瑪穆德進一步接觸。「到此為止，米日古麗。」他把話說白了，「你休想和這個人結婚。你絕對不可以和阿拉伯人成親，聽懂了沒有？」

「不公平！」

「我絕對沒有不公平。我只是為你好。這單純只是就事論事，他們是外國人，跟我們不同文化。這不可能有結果的。」

「可是我不要別人，只要瑪穆德。」

「鬼扯！」他不讓我繼續講下去。「你將來會嫁給維吾爾人。」爸爸接著說，要我立刻跟他搭機離開開羅，回返故鄉。「很顯然，你再留在這裡只會幹蠢事。」

我以為自己聽錯了。「你這是打算要我中斷學業嗎？」

「不是，」爸爸把話說的更明白，「我只是講究實際：你的下一個瑪穆德，可能就在轉角等你。但我可不會傻到再讓你一個人留在這裡！」

我開始哭了。他不只不許我和瑪穆德交往，現在連學業也要我中斷了。我不斷求他改變心意。「你這樣會毀掉我的事業！」

「不是的，事業是你自己毀掉的。」他反駁。「這一切都是你自己造成的。」

他說什麼都不願意改變心意。送爸媽回到旅館安頓好後，我回到住處，一整晚哭個不停。連給瑪穆德傳簡訊回報都辦不到，因為我不知道該怎麼跟他說。難道要跟他說，因為我爸不願意他成為我們家女婿，所以要跟他分手，而且我還要回新疆去了？

後來，有人來敲我的門。「怎麼了？」是我西班牙室友譚雅問我，她穿著睡衣站在我床頭。我告訴她這個大災難，兩人順便聊起了各自的家人。「我爸反對我嫁給他，他甚至也不讓我待在埃及了。」

譚雅驚訝不已。「你不能讓你爸這麼對你，米日古麗，」她說。「你又不是五歲大的孩子，他沒權力逼你跟他回去。」

「但我不能違抗爸爸的心意啊，這不對。」我跟她解釋，維吾爾文化中，家長的想法和權威很大。

「那就給他他想要的，嫁個在埃及的維吾爾人。」她做出頑皮的鬼臉。我愣了一下，不覺得這有什麼好笑。

「我已經嫁人了，嫁給瑪穆德。」我提醒她。

「沒錯，在法律上你是嫁給他。但你還可以另外為你爸上演一齣伊斯蘭婚禮。」

我聽得一頭霧水。是沒錯，如果我真的能在開羅找個維吾爾人嫁了，那我爸肯定會讓我留下來。

「我就認識一個人選，他不會太挑的。」譚雅這次的笑容更頑皮了。我還是不明白她的意思。

「就艾爾方啊，還會是誰！」她說出謎底。她說的人，正是她的維吾爾男友。我頓時無言以對

「譚雅……！」她不會是說真的吧？

「你聽我說，很簡單：只要辦一場假婚禮，你所有的問題就一次解決。」這聽起

來也太完美了，很難相信會是真的。「沒事的啦。明天我立刻跟艾爾方說。」她跟我保證。

隔天一早，譚雅就叫艾爾方來找我們。半小時後，我這個男同學就坐在廚房凳子上，聽我們跟他解釋我的緊急狀況。「這些該死的頑固維吾爾族人！」他忍不住大罵。艾爾方是我的學校同學，他聽到我爸不讓我繼續念書，覺得太扯。「你要我去找他談談嗎？」

「我們有別的法子。」譚雅道。她把我們的計劃向他娓娓道來。聽著她一邊說，我整張臉漲得通紅。艾爾方也是聽到下巴都掉了下來。他儘管是個很有主見，又很自主的年輕人。但這個計畫實在太大膽了，就算是他的女朋友或是我說的，他都不覺得會成功。

譚雅看出他有些遲疑。就趕緊打蛇隨棍上。「我覺得米日古麗爸爸這人呢，吃軟不吃硬，不把話跟他明說對他反而比較好。」她強調自己的看法。

「這倒也是。」艾爾方有些遲疑地說。

「拜託啦，艾爾方！我們總不能眼睜睜看著他就這樣逼她打包行李，回到新疆去。這可不是中世紀！」

他若有所思地點點頭。

「我就知道。你真是我的寶貝！」她歡呼大叫，在他唇上一吻。於是我們就開始沙盤推演：艾爾方開始進行計劃。他顯得有些不情願，但不管怎樣他只能配合了。我倒是很清楚，他這麼做不是為我，而是為了他的心上人譚雅。

過了幾天，他去找我父親。爸爸頗為驚喜，我竟然這麼快就找到人選取代瑪穆德來當我的未婚夫，還為此興奮不已。他終於能如願，找到一個維族人當女婿。他剛好也認識艾爾方的父親，兩人還是好朋友。他也就不疑有他，畢竟對方家族的名聲很好。

「艾爾方是很棒的選擇。」在清真寺見面時，爸爸恭喜我，這裡估計就會是我們舉辦婚禮的地方。又一次，我的婚禮只有一小群人參加，辦不成婚宴了。這還真是似曾相識呢，讓我不堪地回想起上一次婚禮的情形。真不敢相信，沒想到我這短短的人生中，竟然已經要辦兩次假結婚。而之所以會這樣，都只是為了能留在開羅，讓我得以完成學業。我不禁自問，我這樣做會不會太自私。有沒有更妥善的方法？

我尤其覺得對不住的，就是瑪穆德，這場婚禮他不能參加。我對他覺得深深過意不去，所以在那次餐廳雙方家長災難式的會面後，失望之餘，讓我好幾天都無法和他說上話。一直到將近一個禮拜後，我才提起勇氣打電話給他，告訴他父親不贊同我們的婚事。「真的很抱歉，但他們無法接受你成為我的另一半。以後我再也不能見你了。」我這麼跟他說。

他之前為我做了那麼多，現在的結果，可想而知，想必讓他非常失望。給他帶來這麼大的失望，更是讓我心碎。

「我必須嫁給艾爾方。」我繼續說，「當然，這只是假結婚，好在清真寺辦場婚禮……」我還想繼續解釋，如果不這樣做的話，我父親要逼我回故鄉。

但是我沒能說出口。我的話讓瑪穆德太傷心了，所以沒等我說完，他就掛了電話。當天傍晚，我收到他傳來的簡訊。「從今天起，你在我心裡已經死了。」他這麼寫道。這就是他對我說的最後一句話。之後，他就換了電話號碼。

我真的好傷心。但我瞭解他的心情，所以跟自己說，一定要接受他的決定。他有權關上他生命的這一頁，從此把我忘掉。沒想到的是，不久後我才發現，自己已經懷上他的孩子。

第3章 三個孩子的媽

一早起床時，我一陣噁心。我才下床，就朝廁所狂奔而去一吐為快。「欸喔，米日古麗，你這麼快就又跑廁所了喔？」室友譚雅不可思議地問我，因為我又霸占了廁所好幾個鐘頭。我吐得太頻繁，乾脆就一直待在廁所裡。好不容易，我終於臉色蒼白地從廁所出來，踉蹌著回到自己房間。「你病了嗎？還是哪裡不舒服？」她從後面喊著。

之後我們和艾爾方一起吃早餐，我努力想讓自己吃點她做的炒蛋，她打量著我。我雖然覺得餓，卻一口東西也吃不下，因為我一聞到那味道就想吐。

「這不對勁啊，究竟是怎麼回事？」譚雅問，「你要不要去讓醫生檢查檢查？」她吩咐我的假老公艾爾方帶我去貝曼醫院。我一跟女醫師報告我的症狀，她立刻就有了初步的猜測。「過去幾個月，你是否有發生過性行為？」

她問得這麼直接，讓我頓時臉紅。一開始我下意識地想要搖頭否認。但繼而我想到了瑪穆德，算一算我上次跟他碰面的時間，我害羞地點了點頭。

「你最近一次月經什麼時候來的？」

我想了一下，「三個月前。」

她聽了一笑。「那我們得趕快給你驗孕。」

雖然，我可能懷孕這事明顯可以聯想到，我自己卻是壓根沒朝這方面想過。所以女醫師一提到，我真的好震驚。懷孕！老天啊，這可不行！我隻身在異國求學。怎麼能懷孕。

「你放輕鬆。」女醫師道，她一直在觀察我的反應，「懷孕是好消息。當然，對女人而言，這需要很大的心理調適。但也可能並沒有懷孕。我們很快就會知道了。」

接著她要我去做尿液測試。然後我就要到大廳去等候。和艾爾方一起等檢驗報告時，我真的好緊張。「千萬不要啊，親愛的上帝，別讓我懷孕。」我禱告著。

等了一陣子後，女醫師喚我回診間。她滿臉喜氣，拉起我的手道。「恭喜你，圖爾蓀女士。」她說。「你懷孕了。」

我一臉茫然地看著她，完全不知道該如何回應她的話。「不該是這樣的。」我腦中唯一想得出的話就是這句：命運真的給我開了很大的玩笑。

女醫師帶我到另一個房間，為我照子宮超音波。我全身顫抖地坐到了定位。「要是幸運的話，就可以看到寶寶。」她這麼跟我說，一邊把探頭插入我的陰道。到這時，我都還希望一切不是像她講的那樣：或許醫生錯了，一切都只是誤會。

「真是太讓人興奮了！」她突然大叫，然後指著螢幕上出現的幾個灰色圈圈。但那些圈圈都太模糊了，我看不出所以然來。

「你看出寶寶的形狀了嗎？」我害怕地問她。

「是的，圖爾蓀女士，而且還是兩個呢！」

走出醫院時，我的心情一團亂。艾爾方開車載我回家找譚雅，我跟她講了這天塌下來般的診斷。艾亞也在一旁聽。「要是我跟瑪穆德沒有鬧翻，那會是多完美的一件事。」我這麼斷言。

「那現在呢？」

「現在事情變得好複雜。」譚雅道。

「但也不是全無希望啊。」艾亞想了一會兒後說。「我們還是可以去找瑪穆德，把事情跟他解釋。」

「我可以去找他談談。」艾爾方提議。

但我覺得這不是個好主意。瑪穆德已經徹底把我從他的生命中抹除了，這我完全能夠理解。畢竟是我傷了他的心。而如今，我自己發生困難了，怎麼可能巴巴地去求他。何況我也不知道要怎麼去求。我連他現在的手機號碼都不知道。而且，不久前我搭公車經過他店門口時，就發現那裡掛起了新的招牌。他很可能已經因為傷心失望，而前往他處另起爐灶了。

「我不要生下這兩個孩子。」我堅定地說道。沒有必要再為這件事傷腦筋了，我當下的情況根本完全無法應付這種事。「我要去墮胎。」

艾亞不可思議地大叫。但譚雅則立刻能理解我的決定。「或許這樣真的比較好。」她給我支持。

「埃及這邊的法律呢？」我問艾亞。「這邊墮胎合法嗎？」

「不合法，只有健康因素才能墮胎。」

「嗯……」譚雅皺起眉頭深思。「但畢竟米日古麗懷的是雙胞胎……這算不算是健康因素？」

「對米日古麗體型這麼纖弱的女子而言，肯定是的啊。」艾亞也贊同。「不管怎樣，醫生一定能幫她找到合法理由，讓她墮胎。」

謝天謝地，這樣看來，可能還有辦法解決。「這麼說來，我們就只要找到一位願意配合的醫師了。」我提議回到之前的醫院去詢問。在中國，墮胎是很普通的事，所以我想得很簡單。但艾亞卻大力搖著頭。「你最好別冒冒失失地跑去。」她這麼提醒我。「聰明一點的辦法是，先去調查誰是合適人選。」她要我安心，她會去探聽。

雖然她每天到處問，卻得不到滿意的結果。她問到的答案都是一些密醫，他們在店鋪後面開非法診間。我可不想冒生命危險。

因此，隔周我又跟原本的醫院預約看診。這次幫我看診的婦科醫師確認之前的診斷結果無誤，也就是我腹中的確懷有雙胞胎。他瞇起眼睛說：「或許還可能是三胞胎呢。」他這麼說。

「什麼？」我嚇到腿軟。

「目前這階段還無法確認，不論如何，這對你都會是一大負擔。」

我開始覺得，這樣下去，情況只會更糟。一定要快刀斬亂麻。我得拜託他幫我解決這問題。「大夫。」我正色道，這時才發現自己的聲音變尖了。「有沒有別的管道？」

他不解地看著我。「到時候當然會幫你麻醉。」

「我不想把孩子生下來。」

他不以為意地笑了。「緊張是很正常的，別想太多。很多人都跟你一樣生過多胞胎啊。」

「我是想要終止懷孕。」我不再拐彎抹角。

「是這樣啊？」他皺起額頭。「你先生怎麼說？」

「他，啊……」

「你已經結婚了，不是嗎？」

「是的。」我頭搖得很心虛。而且事實上我還結過兩次婚。但在資料和證件上，瑪穆德是我的法定丈夫。雖然我和艾爾方辦過宗教儀式婚禮，但卻無損於官方記錄。

「妻子想要墮胎，必須徵得先生的同意。」

「真的嗎？」我不敢相信地看著他。

「是的。你們兩位必須一同前來，並且要出示身分證明以及婚姻證書謄本。」

「但這我沒辦法啊。」我結結巴巴地說。他等著我解釋。「我先生人在國外。」

「這沒差，想要墮胎，就一定要請他回國親表同意。不然我這邊就沒有辦法幫你。」醫師聳聳肩膀說。「埃及的法律就是這麼規定的。」

離開醫院時，我才第一次醒悟，因為我身為瑪穆德太太的身分，連帶產生一個嚴重的問題：我的身體再也不單由我決定了。這發現讓我震驚不已，而或許也是因為我所來自的國家視墮胎是再尋常不過的事。中國婦女凡是意外受孕，想要墮胎，只要跟醫生預約，付了手術費，就可以移除胚胎。這不是什麼了不起的大事，完全是女方可以自行做主的，不需要經過任何人同意。但埃及的法律卻規定，只要瑪穆德沒同意讓我解除懷胎義務，我就必須一直懷著胎兒，看著他在腹中長大。

如今唯一的方法就是要回家鄉一趟，在那邊接受墮胎手術。等我在那邊把事情都處理妥當了，再想辦法回埃及來，繼續完成學業。要是現在不處理，以後我就什麼都別想了。我不可能同時念書，又以單親媽媽的身分，照顧三個嗷嗷待哺的嬰兒。

我去電父親。之前編了那麼多謊騙他，現在真的不知從何開始。但已經沒有別的辦法了，只有他能救我脫離這困境。「爸爸？」

「米日古麗，孩子啊。」他在手機螢幕上看到我的臉時，高興地叫道。「你們都好嗎？」

「我們？喔，都好……是這樣……」我演不下去了。「老實說，一點都不好。」我從實招來。

「怎麼會呢？」

「我懷孕了。」

「這是天大的好消息啊，真是恭喜你們。」

「爸爸，不是你想的那樣……」我該從何說起呢？「我肚裡的孩子並不是艾爾方的。」

「唉喔。」他的臉色一沉。「不然是誰的？」他可能已經猜到我接下來要說什麼了。

「我懷了瑪穆德的孩子。」我一五一十招了，等候著即將到來的大爆發。我準備好要面對爸爸崩潰的情緒。但沒想到他卻悶聲不響，這比責備我還更糟。

「爸爸，真的很抱歉……」我一開口就哭了起來。「但你千萬不要覺得我與人婚外情了。事情發生在我和艾爾方結婚之前……在那之前我早就不是處女了，也因為這樣，我不能真的和他結婚……那場婚禮只是辦給你看的……」

我越說，爸爸在電話另一頭就越安靜。

「我懷的是三胞胎，我絕對要拿掉孩子……」他震驚到一直搖頭。「你到底幹了什麼好事啊？米日古麗。」他歎氣道。

我這些話讓爸爸太震驚了，他要我給他一些時間思考一下。這我能理解，我也為自己違背他做的這些事，感到無地自容。我到底給自己惹上什麼麻煩了？怎麼會一錯再錯呢？我不該違抗他的意思，在沒有他同意的情況下任性嫁給瑪穆德。但現在回頭已經太遲了，我必須好好面對自己行為所造成的後果。

等他再來電等得我心煩。但很顯然，爸爸需要時間消化。我幹了這麼多壞事，他還會願意幫我嗎？還是他會告訴我，將來我只能靠自己了？這電話，我真的快要等不下去了。

在漫長的三天等待後，我的手機終於響了。「你聽好，米日古麗。」他說，「曼齊兒和我商量過了……」我看到姨媽的身影在他背後。「這件事我們的看法是這樣：我們是一家人。家人就要互相幫忙。」我身上流過一股暖流。

「是這樣的。你搭上飛機，回到我們身邊來。但不要把孩子拿掉。我希望你能把他們留下來，讓他們跟著我們長大。」

「爸爸！」我感動地說。

「你弟弟和他太太還沒有生小孩，他們可以分一個去照顧。」曼齊兒建議道。

我太感動了，完全不知道該說什麼好。

「不要對那些阿拉伯人提起，聽到沒？」爸爸吩咐我。「我們照自己的方式來撫養他們。」

這個發展讓我忍不住傻笑。但爸爸願意在父女衝突、和我的一再欺騙之後，依然這麼關心我，還願意照顧我的孩子，真的讓我鬆了好大一口氣。我實在不應加以拒絕。「謝謝你，爸爸。」我低聲道。「我會把他們帶回且末的。他們會成為維吾爾的孩子。」

在決定要把孩子生下來後，我看待世界的態度也跟著改變了。突然間我不再覺得孤單，也不再只對自己負責，而是要為三個孩子負責，他們的生存，完全取決於我的保護和決定。

因為這樣想法的轉變，也讓我的行為有了改變。我的優先順位出現劇烈變化：以前的我，第一目標就是延續我的學業，獲得好成績畢業，其他都排在它之後，現在擺在最前面的，卻成了健康。我最重要的課題是把三個寶寶健康平安地帶到世上。而因此其他事情，我就必須有所取捨。

在擬定回國旅程時，這些事我已經心裡有數。我原始的計劃是儘快回到爸爸身邊，然後在那裡把孩子生下來。但腹中懷著三胞胎，事情卻沒那麼順利。

「我強力建議你不要進行這趟旅程。」在我問及以我目前狀態，是否該冒險搭機返鄉時，我的婦產科醫師這麼說。中國國際航空更直截了當不讓我訂機票。而埃及航空的態度則是，業務以外發生的狀況，他們一概不負責。

這真讓我疲於奔命。我真的要上飛機嗎？這時的我，已經懷有五個月的身孕，又因為懷的是三胞胎，所以腹圍格外顯著。就算在平日，我都感受到其沉重的負擔：連移動行走都很不方便、不自在，整日昏沉沉想睡覺，巴不得家人能在我身邊。

這讓我突然覺得埃及好陌生，無依無靠。我不知道該如何一個人獨自撐過這一切。「米日古麗，我瞭解埃及已經不再讓你覺得舒適了。但你現在一點風險也冒不得啊。」有次爸爸在電話中這麼勸我。「你還是忍耐著在那邊把孩子生下來吧。」

「我一個人生？」我自憐地說。

「我再問問曼齊兒，看她能不能去幫你。」

結果姨媽不久後就再度來到開羅，但這次我爸沒跟來了。她會在懷孕過程中照顧我，並且陪我生產，因為據醫院說，我的生產過程不會太輕鬆。

真的很感謝曼齊兒能夠搬到租屋處來照顧我。我們就住在同一間寢室，曼齊兒夜裡就在我床旁邊鋪個很小張的睡墊當床。她全心照顧我，還負責做飯。「懷孕期間一定要吃得好，肚裡孩子才能吸收到重要的營養素。」她向我解釋。我什麼都聽她的，畢竟她已經生養了兩個孩子。而且，我本來就熱愛傳統維族料裡。

隔天我們一起到市場去，買了羊肉、辣椒、西洋芹、小茴香和優格。我們烤了羊肉、還用了很多的香料去烤。再把優格和香草調配好。另外我們也用外婆的食譜烤了饢。姨媽稱讚我說：「你真的很會料理！」

我不好意思地點點頭，畢竟這話不假：我很早就跟外婆學會了燒飯做菜，曼齊兒又是外婆的女兒。但願我也能這麼稱讚她。但如果我這樣說，那就太虛偽了，因為曼齊兒對做菜一點也不在行，家裡燒飯做菜的人總是其他姐妹。連雞鴨魚這些料理，她都處理不來。而維吾爾族傳統的羊肉和米飯等菜色，她也不喜歡吃。要是讓姨媽來下廚，恐怕我們兩個就得天天以麵條裹腹了。

所以我只好親自下廚。我會先給姨媽開菜單，告訴她去採購哪些菜，然後再一起在廚房料理。之後沒多久我又發現，其他家事也得要我自己來。那可就不是我能勝任的了，因為當時我的身體已經嚴重走樣。吃過飯後，我常要躺一下。過不了多久，更連出門都不愛了，因為不管做什麼都讓我精疲力盡。但姨媽一點也不能體會我的情形，她一心只想去體驗開羅。儘管那時開羅政治情勢非常緊張，街道上安全堪虞，她卻是一點沒感到害怕。「我們不會有事的啦。來，我們去小小的血拚一番。」她常邀我出門，但我總是回絕。

這當然就造成我們之間的拉扯。姨媽老覺得無聊，而我則覺得讓「客人」能夠享受、娛樂是我的責任。到後來，她來埃及非但未能如計劃那樣幫我分擔壓力，反倒變成我的負擔。我們這樣一起過了幾個禮拜後，我再也受不了了。「你聽好，曼齊兒。」我對她說。「我在這邊一個人可以應付得來。」我心裡知道，她也一樣，巴不得我們這個實驗趕快結束。「要不你先回國去，在那邊幫我和寶寶張羅好，等我回來，你看怎樣？」我提出這個建議。

我完全不用再多花力氣說服她。「你確定你一個人可以張羅得來嗎？」她滿心期盼地問。

「是啊，沒問題的。」我騙她。

「需要任何東西，一定要跟我們聯絡，好嗎？」

曼齊兒終於回去時，我嘆了好大一口氣。看著機場接駁巴士駛遠，我暗自慶幸。我終於再也不用照顧她了，現在只要照顧好自己和我的需求就好。回程的路上我買了半隻雞，給自己燉了雞湯。我慢條斯理地一瓢一瓢喝完雞湯，然後上床睡。這真是太棒了，我心想。

這之後好長一陣子我都把自己照顧得很好。胃口好，睡得多，逐漸開始期待見到腹中的小寶寶。將三個寶寶同時都抱在懷裡，那感覺會如何呢？他們會是什麼樣子呢？他們會像瑪穆德多些，還是像我呢？

每周我都會去醫院接受產檢。那邊的醫師會詳細診斷我的懷孕狀況。隨著我肚子越來越大，他們就越來越在意我們母子四人能否安然渡過孕期。主要是因為，我纖細的身子並不是為這麼大的負擔所打造的。每次返家光是要爬階梯，我就要冒一身大汗。為了產檢奔波於醫院和租屋處之間，幾乎超過我的負荷。

最後醫師乾脆禁止我再這樣奔波往返。他們擔心，孕期最後十周要是不好好躺著安胎，會讓我早產。但我不知道一直躺著要怎麼過日子。「你們說的都不動要怎麼做？」我問我的婦產科醫師努爾醫師。

「要是家裡沒人能照顧你，我就必須安排你住院。」他這麼說。我想了一下就同意了。依我看來，這個選項比拜託室友照顧好。

懷孕第八個月起，我住進了貝曼醫院。這時我肚子又變得更大了，整個人全被肚子所占據，感覺好像要是肚子再大一公分，我就要爆炸了一樣。努爾醫師仔細地追蹤著進度。住進醫院快滿一周時，他坐到我病床旁，語重心長地說有要事跟我商量。

「圖爾蓀女士，您也知道，我們一定會盡一切力量，協助您平安產下胎兒。但是您的生產肯定不會容易的……」

這一點我當然早就很清楚了。我不禁納悶，努爾醫師究竟想說什麼。

「……您一定要做好萬全的準備……」

我點點頭。

「要是有什麼緊急狀況，您在埃及有親戚可以通知的嗎？」

我搖頭。

「這件事格外重要，圖爾蒸女士。」他表情凝重地說。「我不想讓您擔心。真的非常抱歉，但我必須跟您直說。就是您無法在產後倖存，這個可能性是很大的。」

我大為震驚，直盯著他看。原來，醫師這麼慎重就是為了這件事。

「您和孩子的父親有聯絡嗎？」

「沒有……」我吞吞吐吐的說。

「如果可以，我會建議您：重新取得聯繫很重要。萬一我們最不情願的情形發生時，孩子們還有人照應。您懂我的意思吧……」

我低下了頭。是啊，可惡，我懂。突然間我都清楚了：要是我沒讓瑪穆德知道狀況，讓他知道孩子是他的，萬一我有個三長兩短，這些孩子就成了無父無母的孤兒了。畢竟我家人都在國外，到時候他們可能會喪失接回孩子的機會。

一想到這裡我就好害怕。當天晚上我整夜無法闔眼。但是，醫師所說情形又不容我反駁，我是真的很有可能無法撐過生產過程。但我怕的不是自己。一想到我三個孩子出生後可能既沒有爸爸、又沒有媽媽，無依無靠，這真的讓我無法承受。我絕對不能對這三個孩子這樣。我是否該試試跟瑪穆德聯繫呢？「從今天起，你在我心裡等於死了。」我看著手機上他傳給我的最後一則訊息。

譚雅和艾爾方隔天來醫院探望我時，他們立刻發現我濃濃的黑眼圈。「好可憐啊，你肯定是整夜沒睡了。」譚眼一邊瞥向我的肚子一邊說。「扛著那個肚子，也難怪。」

我深深嘆了一口氣。「但願只是因為這件小事……」

「怎麼了，出了什麼事嗎？」

我把醫生的話告訴譚雅。當我跟她提到，自己可能無法在產後存活時，她眼珠子睜得老大。「大夫要我簽切結書，表明萬一出了什麼事，孩子和我之間，要保住孩子，犧牲我。」

「老天爺。」她忍不住說。

「沒關係的。」我安慰她。「為了三個孩子，我願意簽。但我擔心的是，要是我真的不在了，他們怎麼辦。我在這邊完全沒有親人。」

「但你還有我和艾亞啊。」她看著艾爾方。「還有……」

「不成。」他打斷她。「米日古麗是對的！孩子應該在親人的照顧下長大，而他們在埃及還有一個親人在。我們終究得去找瑪穆德談談。」

我心虛地看著他。最主要的，我是想到爸媽，他們要我保證，不讓瑪穆德知道這件事。另外，也想到他最後那通簡訊。

「才不，米日古麗。」艾爾方嚴厲地看著我，堅持說。「你對你三個孩子有責任。要是你真的過世，絕對不能讓他們任由命運捉弄。」

我頓時淚如雨下。「你以為我不懂這道理嗎？」我反駁他。

「我當然知道啊。所以我們不論如何一定要讓瑪穆德知情，好在萬一的時候，他能夠承擔起這個責任。為了孩子們好……」

在懷孕期間，我不是沒想過要這麼做。「但是我連和他聯繫的方法都沒有。」我忍不住插嘴。「他之前的手機號碼已經停用。」

「可以讓我去找找看嗎？」

我無奈地點點頭。「好吧。」

我先請艾爾方到之前瑪穆德開的服飾店去找，當然，正如我所料，店已經易主，但他從新負責人那裡得知，瑪穆德已經遷往他國。可是他不知道他的地址。而顯然，瑪穆德的電子郵件也換了。這讓我對找到他一事越來越不抱希望。但還有一個可能：我的身分證明裡還有他雙親的地址。

艾爾方就從那找起。他偽稱是瑪穆德以前的朋友，請他父親把他現在的聯絡資訊給他。「瑪穆德最近到杜拜去工作了。他在一家貿易公司找到工作。」艾爾方回到醫院後，轉述給我聽，我心跳得好快。

「你有跟他說上話嗎？」

「有。我撥了幾通他都不接，因為我的號碼他不認識。但最後他終於回電了。」

「然後呢？」

「我把事情原委都跟他說了。」艾爾方口氣有點謹慎。「他說，他需要時間好好想想。」

「我瞭解了。」聽起來好像不太妙。

「先別放棄希望。有點耐心等等。米日古麗。」

艾爾方說完以後，一開始我還滿平靜的。瑪穆德顯然還因為我之前對他做的事而深感受傷，所以遲遲無法回心轉意。這我能夠理解。還能怎麼要求他呢？打電話給他的人，可正是瑪穆德視為情敵的人，還要由他口中得知我懷孕的事，我還能期待他怎麼樣？換作我是他，會有什麼反應？

我的身體狀況越來越差了。會這樣主要有兩個原因：先是我身體造血不足，甚至還因此輸了好幾次血。另一個原因則是，懷著三個寶寶已經超過我身體的負荷了。懷孕進入三十一周時，醫生決定要提早引產，以剖腹的方式將胎兒帶到世上。我覺得這對我應該不是很樂觀。「我們會盡一切力量幫你。」努爾醫師向我保證。「但我不能把話說得太滿，決定生死的是阿拉不是我。」

醫生一走，我就看到一束五彩繽紛的美麗花束出現在病房的走道上，而花束後面藏了一個人，他在門口停了下來。「我可以進來嗎？」從花束後面傳來了瑪穆德的聲音。

我沒辦法出聲回答他，眼淚撲簌簌流下雙頰。「瑪穆德！」他朝我走來時，我低聲喊著。「我好高興你來了！」

「我才是！」他怯生生地抱了抱我。他還是跟以前一樣好聞，飄散著刮鬍水的味道。瑪穆德跟我一樣，眼中也泛著淚水。「你為什麼都沒跟我說？」

「我不知道你會有什麼反應……」

「讓你一個人承受這一切，我真的很捨不得！」

我們就這麼抱著彼此良久，一邊啜泣著。瑪穆德跟我說，我懷孕的事讓他樂翻了天，再沒有比能成為爸爸更讓他期待的事了。但他心裡還是有一件事無法釋懷。

「所以你非常確定是……？」他一邊說，一邊臉就紅了起來。

我馬上懂他想說什麼。「百分之一百確定。」我語氣堅定地說。「我從沒有過別的男人，瑪穆德。和艾爾方的婚禮只是做給我爸爸看的，但我和他從來沒有過……」

瑪穆德眼睛看著地上，沒有說話。我感覺得到，他雖然很想相信我，卻無法真的相信。

「要是你認為有必要，那在孩子生下來後，我們可以立刻驗DNA。到時候你就可以確定他們是你的孩子了。」我這麼提議。他燦然一笑。

「好。」他道。

「在孩子出生前，你就只能暫且相信我的話。」

「也沒有別的辦法。」他表示。

瑪穆德來了以後，我突然覺得自己變堅強了。我開始覺得自己已經準備好，要和生產正面對決。瑪穆德跟我保證，這段期間他都會一直陪在我身邊。這為我帶來新的力量。尤其是知道萬一我沒能挺過手術，能有他陪伴孩子長大，更讓我感到無比的欣慰。為此我更是對他由衷感謝。

在醫護給我麻醉以便進行剖腹前，我們還一起拍了一些影片。在其中一支影片，我重申自己的意願，萬一在手術過程中母子生命必須有所取捨，我願意放棄我的生命換得孩子存活。另一支影片則是給我爸媽看的，片中我告訴他們，要是真有什麼萬一，請他們不要為難醫護人員。

然後，我就安心地接受手術。當麻醉醫師過來要幫我打針，瑪穆德就坐在我身邊，我對著他微微笑。我感覺到針頭插入手臂，看著針筒藥物注入我身體裡。然後我就失去意識了。

之後發生了什麼事，都是靠別人轉述，以及瑪穆德在生產過程中拍下的影片。一開始事情都照著計劃進行。醫師們切開我的腹部。我血流如注，就跟大家在影片中看到的那樣。醫師們成功將三個胎兒安全帶到世上：第一個出生的是大兒子穆罕默德，他體型最大，力氣也最大。接著則是女兒艾蓮娜。最晚出來的則是么兒莫亞茲，他體型明顯比前面兩個瘦小。

當第三個孩子安全出生後，瑪穆德鬆了一口氣。可以看到他在影片中深深地感謝阿拉保佑三個孩子健康出生。

但開刀房的醫生們這時開始變得不安。原來是因為接生三胞胎的時間太長，過程中我不斷流血，終至失血過多，心跳監視器上上下跳動的線突然變成直線。我的心臟停止了。錄影中還能看到，我先生絕望地哭求醫師，要他們救救我。之後錄影畫面就終止了。

眾醫師當然盡了一切努力要讓我恢復心跳，但卻沒有作用。我的心跳始終沒有恢復，因為剖腹產失血已經讓我身體過於虛弱。最後他們都認為我應該已經沒有希望了。他們吩咐瑪穆德幫我闔上雙眼。他把我們的長子穆罕默德抱到懷中，捧在我的臉旁說：「跟媽媽親親道別，小穆罕默德，然後我們幫她闔上眼睛。」

這時小寶寶碰了我的臉頰，突然間開始哭了。說也奇怪。這一哭，我的內心好像聽到了。孩子絕望的哭聲就像鬧鐘一樣喚著。突然間，我的身體想起了一切，特別是想起我三個孩子還需要我。我倒抽了一口氣。心跳就這麼恢復了。

眾醫護見狀趕緊再進行心肺復甦，並且給我氧氣罩。在氧氣罩下，我終於甦醒了。

這簡直就像是奇蹟一樣。「這樣的事我這輩子從沒遇過。」見到我奇蹟復生的醫師這麼說。「你那麼嬌小……又流失那麼多血。我們原本以為，你應該撐不過去了。但你很堅強。」

「勇敢的米日古麗。」始終坐在旁邊的瑪穆德低聲道。他舉起我的手親著。

「孩子們還好嗎？」我想馬上瞭解。即使才剛死裡逃生，我卻清楚記得自己在生死交界處聽到兒子的哭聲。

「他們三個都很健康。」

「他們在哪？」

「他們都在隔壁房睡覺。你準備要見見他們了嗎？」問得真好！瑪穆德看著那位醫師，對方則點點頭。他對一位護理師招招手，要她把三胞胎帶過來。

沒多久房門開了，兩位護理師就帶著三個新生兒回來。最大的穆罕默德躺在我胸前，另外兩個小的，則躺在我的頭兩側。我覺得自己好像在作夢，完全不敢相信自己能這麼幸運。

我小心地摸摸他們三個皺巴巴的臉龐，雖然是早產兒，但他們的發育好得驚人，而且小小的頭頂也已經長了頭髮。仔細來說：黑漆漆的捲髮，就像孩子的父親一樣，就連眼珠也跟他一樣是深色的。他們的臉像按著他的臉剪出來的一樣。瑪穆德看著我的表情，就跟我看他們的一樣。他跟我想的一樣。

「沒必要做 DNA 鑑定了。」他笑著指出。「他們三個簡直就是我的縮小版。」

第4章 回到無常之地

瑪穆德愛死這三個孩子。頭幾周，我還在產後復原階段時，他不分晝夜地要照顧我們四個，搖身一變成為愛心滿溢又負責任的父親。一切似乎都進行得很順利：我們能夠在一起，又能夠一起把孩子帶大，看起來是毫無疑問了。

就連瑪穆德的父母在得知喜獲金孫後也喜不自勝。為了不讓他們操心，瑪穆德沒有告知他們我爸媽反對我們交往的事。他們以為，我和瑪穆德已經訂婚，至於我懷孕待產的事，只是瑪穆德粗心忘了提。但現在，他們開始催促我們，要好好辦場盛大的婚禮慶祝，甚至還追問起確定的婚禮日期。

要是事情只牽涉到瑪穆德的話，那我們早就已經把喜帖寄出去了。但在那之前，我得先處理一件事。「聽好。」我對他說。「你也知道，我跟我爸媽保證過，出生後要把寶寶帶回去見他們。現在我得信守承諾。之後我們才能舉辦婚禮。」

他理解地點頭。但看起來卻似乎有些擔心。樣子就像是他不確定，我是否會再回到他身邊。

「你要陪我一起回家嗎？」我問他。

他一聽精神都來了。「當然我要陪你和寶寶一起回去。」

二〇一五年五月，在產下三胞胎後六周，我們就一起搭機前往北京。我很高興能有瑪穆德作伴。要是我一個人帶著三個小嬰兒踏上這趟旅程，還真不知道會怎樣。我們可以分擔照顧孩子的工作：登機時，我抱著大的，瑪穆德則抱兩個小的。而在機上如果我給一個孩子餵奶，他就幫我照顧另外兩個。

搭機的過程沒有原本預期那麼糟。只有一開始時小朋友哭了一下，但那是因為他們都還很小，所以大半時間都在睡覺。但在十三個小時後，飛機降落在北京時，我們還是覺得累壞了。而這還不是我們這趟旅途的終點！接著我們還要再轉機前往烏魯木齊，由那邊搭上長途公車，穿越沙漠，前往且末。

我和瑪穆德一同下機，走過北京機場大廳時，我眼睛睜得好大：闊別多年後，感覺這裡變乾淨也變大了。這真是一座雄偉的建築！比起埃及來更是現代化許多。

一眼就可以感覺到，中國開上了快車道，全速起飛中。我的故鄉新疆是否也一樣呢？

在飛機上我一直在想，帶著瑪穆德一同回家見爸媽會怎樣。我完全沒告訴他們生產過程遭遇的狀況，而我們現在已經是澈澈底底的一家人了。畢竟這種事，不是能夠透過電話說完整的。我想像著見面的情形會是：首先，我帶著孩子們進屋裡去，把場面打點好。等我把事情都解釋清楚，一切據實以告後，他再進來。這樣一來，他們就不能再拒他千里之外了。畢竟，他是孩子的爸。不可理喻的父親再怎樣也要接受，我們一家五口說什麼也不能分開。但願他不會再刁難我們。

我們來到機場證照查驗櫃台。「請出示您的護照。」櫃台一位女士道，我們就把一應文件給她。我持的是中國護照，瑪穆德則是埃及護照，當中附有中國簽證。孩子們則同樣持埃及護照。那位女士是漢人，仔細打量我們一家人後，就點點頭。「你們要在北京停留，還是另有目的地？」她問我。「要是後者，那要出示你們的機票。」

我把前往烏魯木齊轉機的登機證遞給她。

「啊，是要前往烏魯木齊啊。」她道。「你們全部都要前往該地旅遊？」

「是啊，那是當然的。」我回答時，心裡納悶為什麼她要這麼問。因為，光看我們的嬰兒車，就知道我們是一起旅行的。「我們要去探親。」我又補充道。

她敲了敲鍵盤。接著臉色一沉，清清喉嚨。「很抱歉，要跟你們說。這趟探親你們是去不成了。」

「您這話什麼意思？」

「只有您可以前往。」

我以為她是在開玩笑。「只有我？為什麼？」

那位女士又在鍵盤上敲了敲。「在領事館辦簽證時，他們沒告訴你們嗎？」

「沒有。」

「外國人是不許前往新疆旅遊的。」

我下巴掉了下來，不可思議地看著她。這規定是什麼時候開始的啊？「您是說，即使我們已經買了機票也不行？」

「很抱歉。但你們應該買機票前就先問好的……」那位女士瞇起眼睛冷冷的說。

「怎麼回事？」瑪穆德問道，因為我和那位女士一直只用漢語溝通。我告訴他，那位女士說他和孩子們不能一同前往。「再說一遍。」他激動起來了。「不可能。」

這過程中，有別人也過來了。兩位警衛朝櫃台走來，把我和瑪穆德帶到一邊，好讓那位女士可以繼續為其他旅客通關。「很遺憾，你們現在才得知這件事。」一位穿著制服的先生用英文告訴瑪穆德。「但目前只有持一種特許簽證，才能前往新疆旅遊。」

「但我妻子是中國人。她要帶孩子去給父母看。」

那兩名官員商量一下後。終於同意，讓我可以帶三個孩子前往。

「但你們也看得出來，我太太一個人沒辦法帶三個孩子旅行。」瑪穆德繼續爭取。

「如果您願意，我們可以為她提供兒童照護。」

「真的嗎？」他問道。

「沒錯，這可以安排。」他保證，而瑪穆德一副無計可施的樣子。

「那你就自己去見爸媽吧。」他對我說。「損失一張機票總比損失五張好。」

「你確定嗎？」

「是的。」他眼睛濕濕的。但他畢竟不想看我失去見爸媽的機會，也不想他們沒機會見到孫子。他認為，我爸媽身為祖父母有權認識自己的孫子。他尊重他們的權利。真的要感謝他願意犧牲自己，成全這一切。這讓我更愛他。所以我就當著兩位官員的面，在他嘴唇印上深深的一吻。

「我回開羅去等你，每天都會想著你。」瑪穆德在道別時這麼說。

「不會太久的，我們立刻就會回到你身邊。」我向他承諾。但當我轉過身，將孩子三個抱起來，朝另一方向走去時，心裡卻覺得不踏實。

來到出口處，那裡已經有兩個人在等著我，一名是漢族男性，另一名則是年輕女性。他們一看到我帶著三個小孩，趕緊朝我走來並自我介紹，分別是田先生和蔡小姐。「我們被通知，說是您需要我們的支援是嗎？」田先生道。他肯定是從剛才那兩位官員那裡得知這個訊息的。

一開始我是想，有人願意幫忙當然是好的。更何況，我也的確需要人幫忙，所以也就沒有再多問。「你們人真好。」只說了這句。

田先生和蔡小姐各自幫我抱了一個孩子。「好可愛的小嘴啊。」蔡小姐道，她抱的是我女兒艾蓮娜。但從她手忙腳亂的樣子，我看得出她在照顧嬰兒方面並沒有什麼經驗。接著我們登上前往烏魯木齊的飛機，而機上我們的座位，竟然神奇地全都在同一排。我坐的是三人的中間。這實在是很詭異，但我沒多想，因為我忙著照顧寶寶，他們剛好這時餓了，我得輪流一個一個餵。之後我就累到睡著，懷裡還抱著穆罕默德。

睡夢中，擴音廣播將我吵醒，它說，現在飛機即將接近烏魯木齊。我睡得昏沉沉，一時無法完全清醒。心想，身邊這兩個陌生人是誰，為什麼要把我的孩子抱在手上。過一陣子才想起來他們是誰，於是對蔡小姐笑一笑。

但這時他們臉上的表情卻不一樣了。蔡小姐不再以微笑致意，反倒是從外套口袋拿出一張證件遞到我面前。這上頭她的姓氏不是蔡，但照片我認得出來是她，還有公安標示。她是便衣公安。田先生也以同樣的方法告知我他的身分。到這時候，這兩人都不再友善了。他們口氣變得很蠻橫，說話都是命令式的：「你安靜跟著我們下機，不准跟任何人說話。」他們這麼命令我。

「但……」

「沒有但是！」田先生打斷我的話。「從現在起，不准再問東問西。我們沒要你開口，你一句話也不准說。聽到沒？」

我害怕地點點頭。

飛機降落後，我們下機。我靜靜地跟在兩名公安後面，莫亞茲和艾蓮娜各自被他們抱在手上。這讓我心裡升起非常不好的預感，但我什麼辦法也沒有。他們帶我走過驗護照櫃台，進到一個單獨的房間。那裡頭又有其他公安在，其中一人著漢人公安制服，其他人則著當地維吾爾公安制服。

一名維吾爾公安指示我，要我坐到他對面的椅子上，又要我出示證件。我就交給他。「您有多久沒回故鄉了？」他問。

我稍微想了一下。「自從三年前出國留學。」我據實以告。

「您在埃及這段時日都在做什麼？」

「我在念書，還有……」我的視線落到了懷中的孩子和另外兩個孩子身上，他們依然被兩位公安抱著。

「您是否跟一名埃及人結婚？」

「是的。」他在筆電上做筆記。

「您這次為什麼回鄉？」

「我來探望父母。」

「請問他們姓名和住址。」他遞給我筆，我就寫下爸爸、姨媽的姓名，以及他們在且末的地址，還有他們手機的電話號碼。寫的時候，我有一種說不出來的感覺。我把他們的資料說出來好嗎？我不想給他們找麻煩。但話說回來，我又不能給假資料。

「您爸媽知道您要回來嗎？」

「那當然。」他又記了筆記。

「那您想在他們那待多久？」

「一個月。」

「這段時間您想在新疆做什麼？」

「沒有特別做什麼。」這問題問得真蠢，我心裡想。我有三個小娃娃要照料，還能做出什麼事來？「我只是想回家探親。」

他點點頭。「您在埃及是否曾參與恐怖組織？」他突然問我。

我直視著他。這句話究竟什麼意思？「當然沒。」

「但您是穆斯林吧？」

他同為維吾爾人，他應該很清楚，我們都是穆斯林。「是的。」我答。

「您在埃及有戴頭巾嗎？」又是這類的問題！這時我並沒有戴頭巾，因為這在旅途上比較方便，同時在中國旅行，這樣比較不會因為宗教理由而讓某些人不快。但在埃及，我則總是戴著頭巾。我這樣做有很多原因：首先，我很清楚，這樣穆斯林會比較喜歡。再者，因為那邊近來政治動亂，婦女戴著頭巾會比較安全。但如果我跟這位官員吐實，會不會引起他懷疑？

「有時會。」我答道。

他又問了一會兒。穆罕默德在我懷裡，靜靜的，但其他兩個寶寶慢慢開始躁動。我想是因為他們感受到房裡不舒服的氣氛。

「這樣可以了。」這位公安終於說。他站起身。我也想站起來，希望能夠繼續旅程。但這時候又來了另一位公安，他要我把穆罕默德交給他來抱。

「為什麼？」

「不要問那麼多。」他道，直接就伸手來抱嬰兒。

我下意識就轉過身，不讓他抱孩子。我知道自己不能讓他把孩子從我身邊抱走。但公安早就一把抱住他，硬把孩子扯走。穆罕默德哭了起來。然後兩個小的也跟著哭，他們還在那兩位便衣公安手裡，哭得非常大聲。

我意識到事情變得非常不妙。「現在就把孩子還給我！」我求他們。但那些公安完全沒有動作。他們把我按住。我像瘋婆子一樣嘶吼著。

這一刻我一輩子都忘不了：當他們從我懷裡把我的長子搶走，讓我再也搆不到他的那一刻。直到如今，我依然可以聽到他的嘶喊，直到如今，我還是會夢到穆罕默德當時那驚恐的眼神。每晚睡夢中，那一幕在我眼前反覆播放著。

那幾名公安抓住我的雙手，突然間就給我上了手銬。這時突然間有個人拿了一塊膠布貼住我的嘴。「彎腰！」之前那個詢問我的人大喊道。一切都發生得好快，這時後方又有人拿一只黑袋子往我頭上一罩，頓時我眼前一片漆黑。接著我就被他們拖出了房間。

我被那些警察拖著手，隨著他們拉扯的方向，盲目地跌跌撞撞。他們對我大吼，命令我：「現在向右轉，現在給我移動你的腳。」他喊道。「現在往前跨一步，往上！」他們很粗魯地把我往交通工具最裡頭塞。因為看不到，我的臉就撞上了很硬的東西。讓我疼痛不已。我的鼻子撞上了門框，然後就大量流血。感覺到血液一直滴著，我忍不住大哭。「不要這樣子。」一名男性大吼。「我已經提醒過你，要你把腳抬高！」

這時只聽到背後門被用力關上。然後車子引擎就發動了。載我的這台交通工具開始移動，我被擺在後車廂裡。這時有個人摸著我的鼻子，用一塊布想幫我止住鼻血，但卻一直塞不進去。最後他索性幫我把頭罩拿掉，才成功把布塞進我鼻子。這是一位維吾爾公安，他負責看管我。

這時我才發現，車上共有四名公安：三名是維吾爾人，一名是漢人。漢人公安穿著不同款式的制服，他也是四人中，唯一在腰上配戴手槍和警棍的人。很顯然他是四人中的頭頭，其他三人則分別各自負責一名犯人：除了我以外，另兩名犯人也都是頭上罩著頭套。

這兩名犯人的頭套沒有拿下來。我們三名犯人之間也沒有交談。我看不出來車子要前往何處，因為我們坐的後車廂只有在高處有一扇小窗。但我可以看出來，外頭現在一片漆黑。偶爾可以看到其他車的頭燈閃過，除此之外，就看不到別的。

就這樣開了大約半個鐘頭。這時街燈讓外頭亮了點，顯然是來到烏魯木齊市中心區。然後車子經過一道關卡，就進入一個院子。因為看管我的公安沒有再把頭套給我罩上，所以我可以看到外頭院子裡有個警局。還滿像我當公安的叔叔上班的警局。

那些公安命令我們下車，並引導我們進入那棟建築。進去後我們再步上樓梯，這邊在冰冷的氖燈照耀下非常明亮。一位公安朝我走來，我在一前一後兩位公安的帶領下，進入地下一樓。又移往地下二樓，再往下一層後，來到地下三樓。沒想到，這棟建築竟然這麼深入地底。

在這裡，我們進入一個兩邊都是鐵欄杆的通道，鐵欄杆裡面關著各種不同種族、國籍的人，一間牢房通常關十幾個。其中我還看到幾名亞洲女性，多半是從巴基斯坦或是印尼等國家來的穆斯林。裡面有一間甚至關著有藍眼睛的歐洲人，還有美國人。看著我們三個新犯人來到，他們流露出忿怒、不解和絕望的表情。我心裡頭納悶，自己究竟是做了什麼事，會被送到這地方來。這些公安是誤把我當成跟他們一樣，都是外國人嗎？但願如此，這樣他們很快會發現是自己搞錯了。

和我同牢房的是一名年輕的印尼女孩，和一名馬來西亞女士。她們兩人心情都很低落，滿眼驚恐。馬來西亞女士戴著彩色的頭巾，個子很嬌小，眼睛和漢人一樣小小的。印尼女孩則比她胖一些，她是褐膚，戴著一條已經髒掉的正式白色穆斯林蒙面頭巾。兩人看起來似乎都已經被囚禁多時，卻還是和我一樣被上了手銬。剛陪我下來的那幾名公安現在開始爭論著：應該先審問那些外國女孩，還是先審問我這個維吾爾人。最後他們決定，先審問外國女孩，然後就把那名印尼女孩領了出去。

這時我就在地牢裡坐著等。我心裡想著公安會怎麼對待我。或許在他們重新審訊我時，我終於可以把誤會澄清，讓他們知道是抓錯人了。畢竟，我還得回到三個孩子身邊。我漲痛的乳房一直提醒著我，他們三個這時候正嗷嗷待哺，想到我竟然無法在他們身邊給他們餵奶時，我心都碎了。他們三個現在身在何處？他們哭時，是誰在照顧著他們？

不知不覺一名公安出現在牢房前面，他問我會不會說英語。我說會。

「那現在你來為我們翻譯。」他不由我多說。

他帶我到一間沒有窗、但燈開得很亮的房間。房裡只有一面漆黑的玻璃板，後頭看得到還有一個房間。那房正中間桌旁，就坐著那位印尼女孩，她對面則坐著幾位公安，兩名穿著維吾爾公安制服，第三位則是直髮，有著漢族扁平臉部特徵。他坐在兩位維族公安中間，由他負責審訊。他們領我進去後，他只瞥了我一眼，就指示我坐到印尼女孩旁邊。

那女孩的臉上散布著紅色斑點。她解釋說，自己在烏魯木齊念書，在學校放假時返鄉探望雙親。但她卻無法自己表達。「為什麼你已經在這裡念了一年書，卻還一句我們的話都不會說？」負責審訊的公安這麼問她，口氣非常惡劣。「尤其是，為什麼你會在新疆念書，而不是在中國內地？」

他命令我，將他的話翻成英語。我照做後，那女孩卻還是跟先前一樣露出不解的神情。看來她也聽不懂英語了。所以我就試著翻譯成阿拉伯語。這下她聽懂了。「我非常想來中國念書，收到烏魯木齊大學錄取通知時，我非常的高興。」她答道。

審訊公安眼睛瞇到剩下一條線，不信任地在我和印尼女孩之間來往打量。「喂，你們剛說的是哪種語言？」他問。「你們是用阿拉伯語在交談嗎？」

我表示沒錯。但願我當時沒這麼說。因為這一說，之後的審訊完全圍繞在這件事上打轉，為什麼我和印尼女孩阿拉伯話說得這麼好。我說自己是在埃及求學自然要會；她則解釋道，她從小就念古蘭經學校。這話讓眾公安疑心病大作。「你是特務嗎？你是為印尼來中國取得國家機密的嗎？」他們這麼指控她。

「我不懂你這是什麼意思。我不是要來這裡工作，只是要念書。」印尼姑娘開始結巴。

感覺過了好久好久，那群公安才停止審訊，帶印尼姑娘出去，換上馬來西亞女子。在審訊中我得知，她之所以被抓，也是因為語言惹的禍。

她入獄的原因，是因為有人發現，她電腦的鍵盤設定成可以輸入阿拉伯文。她原籍在馬來西亞，來新疆是因為她嫁給一名維吾爾人，所以來新疆玩。她費盡心思想讓公安瞭解，在馬來西亞，電腦輸入有阿拉伯文選項是很常見的事，因為馬來語是用爪夷文書寫，而爪夷文則是以阿拉伯字母拼成的。

「現在已經可以使用拉丁字母拼寫了。」審訊公安反駁。

「但還是偶爾會需要用到阿拉伯字母啊。」馬國女士強調道。

「會需要是因為你要打宗教文字！你就承認了吧！」那名漢族公安咆哮道。

那位女士一概不承認。她否認自己鍵盤輸入設定是有宗教目的，她並且要求自己有權與馬國領事館取得聯繫。聽她這麼說，把幾位公安逗笑了，紛紛輕蔑地笑著。「你可知道，這裡有多少犯人想跟他們的領事館取得聯繫嗎？」一名維吾爾公安問她。「你就別作夢啦。我們這些人就是你的領事！」

他們把馬國女士的宗教頭巾扯掉。她趕緊彎腰想再戴上，但卻手忙腳亂，因為手還被銬著。幾名公安就站在一旁看她笑話。他們故意什麼都不做，看著她花好長時間把頭巾戴回頭上。等她戴好後，另一名公安又上去把頭巾扯掉。然後她又再次彎腰想要戴好。

就這樣折騰了好一陣子後，馬國女士越來越沮喪，而幾名公安則越來越幸災樂禍。這整個就是一齣侮辱人的惡作劇。但幾名公安卻是把她這種自我捍衛的行為視作挑釁，所以行徑就越發惡劣。最後他們完全不等她把頭巾戴好，就在中途甩她巴掌。

馬國女士精疲力盡又害怕之餘，哭了起來。「我得去見孩子啊。」她哭著說。「你難道就不能同情一個做母親的感受嗎？」這時我才知道，她跟我一樣剛生了孩子，而她和孩子已經被拆散一個禮拜了。「你們要怎麼對我都沒關係，但是請你們讓我為孩子餵奶。」她乞求著。

「除非你好好跟我們合作，把你所知道的訊息都招了，否則想都別想。」審訊公安毫不留情地說。

這兩人的偵訊讓我深為震驚。我發現這幾位公安毫無節制地用小嬰兒當作要脅以達到目的。同樣的方法，他們大概也會用在我身上。看來，我想再見到三個孩子，可能還要很長一段時間。

回到地牢裡，因為疲累我昏睡了過去。打從在埃及登機開始，我已經有將近兩天沒有闔眼。也所以即使在這麼差的環境中，又是坐在硬梆梆的地板上，我卻立刻就睡著了。

我可能睡了一個小時、或者是只有幾分鐘。在沉睡中我被守衛叫醒，他站在我面前一直搖我。「跟我來！」他吼著。

他又把帶我到偵訊室，這裡我已經認得了。不過，這次的審訊人不同。在我對面坐著另一群公安，同樣由漢人和維吾爾人組成。裡頭的主管是中年漢人，眼神平淡、冷漠。他面前擺了一疊紙張。一旁坐著一名維族公安，額頭上有條深深的皺紋。

一開始，那名漢人連看都不看我一眼，只是逕自望著眼前那疊紙，而一旁的維族人則命令守衛把我綁在椅子上。「這樣你才不會太舒服。」他道。

我原以為，他這樣做應該是要讓我害怕。但我已經暗下決心，不管別人做什麼，都不能嚇到我或讓我難過。與之相反，我要表現得格外合作。當公安發現，我對他們毫無保留，他們或許就會發現是自己搞錯了，進而釋放我。我靠著這個渺茫的希望撐著。

漢人公安率先開場，他念出我的名字和生日，接著跟我確認故鄉的地名和父親的住址。我表示沒錯，說這也是我在機場過海關時報上去的資料。我猜想，他這樣做是想要知道，我是否從頭就說實話。

漢人公安又問我兩個同父異母手足的名字。「你的妹妹在哪念書？」他問我。

我遲疑了一下。我這會連累到她嗎？我感到自己之前說要表現合作的決心開始動搖了。不過我安慰自己說，這些資料很容易就查得到，如果我能主動吐露，會比較容易取信於他。所以我就把她就讀的大學校名告訴他。

「你弟弟是跟你爸媽住？」

聽起來似乎他事先就知道這些事了。我差點就脫口問他是從何得知的，但我耐住好奇心。「是的，沒錯。」我答道。

接著他就跟我核對過往經歷。我只得從在托格拉克勒克的學校一路講到之後的中學，還有廣州的高中等。他連老師、同學姓名都問，還有我實習時打工的地方都不放過。

最後他還想知道，我去開羅做什麼。我說自己是去留學。「那為什麼不在中國升學？」他刺探。「這不是更不費事嗎？還是你看不起中國的教育系統？」

「當然不是。我非常渴望到國外念書。」

「那不就是嗎？為什麼？」

「我對外語非常有興趣。另外，我也覺得在國外的經驗，能提高我的就業機會。」

「好，但為什麼偏偏就要選埃及？為什麼是穆斯林國家？」

「那邊的花費我付擔得起，而且……」

「而且怎樣？」

我該實話實說嗎？要是說了，那就等於讓他們知道，埃及所使用的阿拉伯語我原本就有些基本認識，這是埃及成為我留學選項的原因。但那名印尼女孩的前車之鑑我見到了，她也是跟審訊公安坦承，自己在古蘭經學校學了阿拉伯文。

我的情形也跟她相似。我在前往埃及前，就已經對阿拉伯語有興趣，畢竟我們的聖經古蘭經就是以阿拉伯文書寫的。但我不想再犯跟印尼女孩同樣的錯，所以就避開這點不談。

「你以為我們不知道，你在學校時期就熱衷穆斯林信仰嗎？」漢族公安質問我。

「不是這樣的。」

「不是嗎？不然你怎會說服你的女同學改信伊斯蘭教？又不然你怎麼會嫁給阿拉伯人？」

他這一問，問的我啞口無言，他究竟知道多少我的事，又多擅於含沙射影，做不實的指控。「我們是……因愛結合。」我結巴地說，「我們是戀愛結婚。」

他大聲地笑了。「那可真甜蜜啊。」他說，「真的。」

漢人公安從制服上衣口袋掏出一包香菸，點燃一根，享受著吞雲吐霧。接著他用手招了招兩邊的維族公安，要他們各自拿菸去抽。他們三人就這樣在我面前自顧自地抽起菸來，任由那煙霧充斥在這沒有窗的房裡。我忍不住咳了起來，只好問他們有沒有水喝。我的喉嚨很乾。「還需要點別的嗎？當我們這裡是五星級飯店啊？」一名維族公安吼我，直接把煙噴在我臉上。

審訊進行了好幾個鐘頭。問題一直圍繞在我在開羅的那段時間。兩名公安一直要我說一些細節方面的事情，像是我在那邊的生活方式，我喜歡去哪間咖啡館，都去哪間清真寺禮拜，還有我在那邊大學有哪些校外和校內的朋友。只要我提到的名字，他們都鉅細靡遺地一一記下。我同時也注意到，在那塊黑色的玻璃板後面，總是坐著一個人在旁聽。他的長相我看不到，只透過玻璃看到他上半身的剪影。後來他起身，進到我們房間：同樣是位漢族公安，進來後，之前三名公安的審訊工作就完全由他取代。

公安之間交班。這位新來的公安精神很好，也對先前我們的審訊內容非常清楚，反觀我這邊卻是非常的睏。

我已經完全失去時間感，但隱約感覺這審訊持續了好幾天。眼前的燈光亮得我無力招架，我可以說是完全閉上了眼睛。一看到我這樣，他們立刻就把我搖醒，或者就拍我的後腦袋。「喂，我們還沒結束好嗎！」這樣的訓斥我。一點都不讓我休息。

一次又一次地，他們一再要我回答同樣的問題。「你為什麼要到國外去？為什麼你要嫁給阿拉伯人？為什麼你要戴頭巾？你是否是恐怖組織的成員？」我再也聽不下去了。

「不是，這我已經說過了！我不是恐怖份子！」我對著他們大喊。

「你在開羅認識幾個維吾爾人？」他們一點也不理會我，又繼續問。

「我不知道！可能有十來個吧？」我一定要留神，我意識到，疲累已經讓我失去自制力。一旦這樣就很危險。但很顯然，這就是他們的目的。

我試著讓自己打起精神來，重新聚精會神。但慢慢的，我也失去了信心，他們的審問似乎無休無止。除此之外我頭痛欲裂，因為房裡的空氣非常差，而且我已經渴到人類所無法承受的程度。

等到我已經撐不下去了，他們在我面前擺了幾張照片。都是跟我一樣住在埃及或曾經到過埃及的維族人，有男有女。審訊人輪流拿起每張照片，一張張問我，是否認得照片中人，要是我答認得，他就會追問其姓名，並追問該人在埃及的生活細節。「她念什麼科系？」比如說，他問我一名女同學的事。「她周五會去清真寺嗎？去時戴頭巾嗎？」我被這些問題問到想吐。只能提醒自己的決心，一定要保持合作態度。但這問題真的已經是我能配合的底線了：我不能出賣自己的朋友和熟識！

所以我就沉默不語。那些公安看我不做聲，也來個相應不理。「我們時間多的是。」漢人公安這麼說，然後就朝著我噴煙。

「你那些可憐的孩子們。」那名維族公安提醒我。「你聽到他們就在隔壁房間哭喊嗎？」

我豎起耳朵用心聽。即使我現在已經不成人形，但我理智還是清楚的，他這樣做，只是要讓我信心動搖。但真的有那麼一段時間，我覺得自己好像聽到孩子在另一個牢裡的哭聲。那些公安察覺到我臉上緊張專注的神情。「你看，聽到了吧？」他道。

他這麼一說，我就失去了自制力。「你們都不是人。」我大喊。「立刻把我孩子還我！我要給他們餵奶，不然他們都要餓死了！」

「你看看，你看看。」維族公安道。「這下是誰耐不住性子了？」

「你那些孩子我們照顧得好好的。」漢人公安冷笑著告訴我。

這一來讓我僅存的一點自制力都消磨掉了。我滿心忿怒和絕望，開始大哭。這時兩名公安卻無視於此繼續逼問。「再問你一遍。這女的念哪個科系？」漢族公安重提之前我們答的那個問題。「別說你不認識……」

但我現在已經沒辦法回答了，現下我滿腦子想的都是我的孩子。我啜泣著坐在兩名公安面前。漢族公安忿怒地用拳頭敲在桌上。

「給我閉嘴，夠了！」他大吼。「你不配合，也不認罪。」

「什麼罪？」我啜泣著道。「你們要我認什麼？根本是子虛烏有的事……」

「你看，我就是這意思。」他粗暴的打斷我。「我們要狠狠懲罰你，好讓你想起來。」

這時兩名維族警衛將我從椅子上解下來。一開始我覺得能從原本不舒服的姿勢解脫，鬆了一口氣。我四肢痠痛，因為審訊已經持續了三天的時間。我心裡渴望他們把我還押地牢，跟馬來西亞和印尼女孩關在一起。但他們沒這樣。他們一前一後把我夾在中間，命令我走下一條長長的通道。通道盡頭有一扇門，進了門，則是一間漆黑的前廳。廳另一頭還有一扇門，門後就是我的牢房。

關我的牢房非常狹窄，漆黑一片，暗到伸手不見五指。在這片什麼都沒有的黑色汪洋中，唯一的一絲微光就是角落的一個紅點。這可能是裝在牆上監視器鏡頭的光線。除此之外，這房裡什麼都沒有。沒有光線，沒有聲音，沒有擺設，更沒有半個人。我獨自一人蹲坐在冰冷的石頭地板上，被四周壓迫人的狹窄牆面包圍。

頭一個鐘頭還能忍受過去。在審訊的疲累後，我終於第一次可以休息，我倒頭就睡，睡了很長一段時間。有多長呢，我也不知道。但等我醒來後，四周依然黑漆漆一片。身邊依然沒有半個人。我暗自聽著周遭的寧靜，等待著會有什麼動靜出現。但卻什麼都沒發生。好幾個鐘頭過去了，還是一無動靜。這時我才慢慢體悟到，自己即將會有什麼樣的遭遇。

我在腦海中回想抵達中國後所發生的種種。我真的無法理解，我怎麼會落到這麼悲慘又荒謬的地步？我怎能讓事態發展到這地步，還任由公安把孩子從我手中搶走？瑪穆德知道了會怎麼說？他應該已經抵達開羅了，也應該在納悶，我怎麼都沒給他報平安。肯定也不會有人去告訴他，我們母子四人的遭遇。

我又回想起那漫長的審訊過程，納悶是不是有什麼地方我可以處理得更好。我依然不懂，那些公安為什麼要指控我那些事，又要我承認我做過那些事。是否是因為穆斯林的身分而有罪呢？是否我該否認自己穆斯林的身分，以免顯得可疑呢？

但從另一個角度想，就算我否認，他們欲加之罪何患無詞，照樣不會放過我的。畢竟我們維族人再怎麼樣都是伊斯蘭的信徒，而我戴著頭巾的照片也都不證自明。他們也都拿給我看了。

現在我懂了，中國政府原來在開羅仔細監視的不只是我，也包括其他維族人。他們肯定密切跟蹤且觀察我們的動靜，包括我們去清真寺，也給我們拍了照，以及我們在咖啡廳碰面，也肯定監視了我們社群媒體的帳號。這些官員肯定在我們來之前，就已經知道我們跟誰是朋友，又在哪裡工作，以及我們的薪資等等。不管我們住在遠離新疆或遠離中國多遠的地方，我們的一舉一動，肯定都難逃中國政府的耳目。

這真的是讓人料想不到的事。但為什麼要這樣做呢？我不明白有什麼值得他們這麼大費周章的。難道中國政府真的認定，舉凡戴頭巾的女人就一定都是恐怖份子嗎？如果真如此，那難怪我被視為問題人物。「阿拉，請讓他們清醒吧。」我祈求神。

但最讓我痛苦的，是想到我那三個孩兒。我好擔心他們，他們現在落到中國政府的手中，無依無靠。他們三個現在在哪呢？人都還好嗎？是喝著沖泡奶粉嗎？我腦海中聽到他們肚子餓時，想要吸我的奶的哭鬧聲。啊，我好想念他們那嗷嗷待哺的小嘴。

我不禁開始深深自責。我為什麼偏偏就要帶著他們踏上旅程呢？根本就完全沒有這個必要的！我們一家五口大可以留在埃及，什麼事都不會發生的。要是我不要那麼堅持己見，一定要把他們帶來給我爸媽看，這一切都不會發生。全都是我的錯。全都該怪我。

我心中飽受自責煎熬。沉浸在這樣的情緒中越久，受到的煎熬就越深。在這個小小黑暗的牢房中，我無從逃離這樣的自責。我的腦海裡就這樣不斷圍繞著同一個畫面打轉：我的孩子、我的孩子、我的孩子。我是多差勁的媽媽，竟然沒能保護他們。黑暗中，我的眼前浮現了他們可愛甜美的臉龐，他們讓人心碎的哭喊聲越來越大聲。這比遭受嚴刑拷打還要痛苦。我還寧可回到之前被公安審訊的房間裡。在那邊至少我還有別的事情可以分散注意力，在這邊我的腦袋沒有別的事可以想，只有自己腦子編造出來的地獄不斷折磨著我。或許我是罪有應得吧？因為不管我怎麼翻來覆去，腦中只是：是我的錯。都怪我。都是我。

在漆黑單調的自責中，唯一被打斷的時候，就是從門上一個小縫中遞餐進來的那一刻。即使是這樣，我也沒有機會接觸到任何人，沒人可以跟我講話。唯一聽到的聲音是金屬盤中所盛的湯或粥，滴在石頭地板上的聲音。偶爾感覺到餓時，我會喝個一兩口。但多半時候，我喝了就立刻又吐了出來。在房間一角，我發現地上有個洞：那就是我的廁所了。我會朝裡頭吐。

在那完全的隔離中，我幾乎要瘋了。我覺得自己好像被活埋了。我究竟是不是還活著？我的腦子已經分不清真實和想像了。

也不清楚究竟過了多久。究竟在這裡蹲了幾天還是幾個禮拜，甚至幾年？那外頭可還有人惦記著我？絕望中，我甚至開始對著攝影機講起話來。「要是在另一頭坐著個人，請可憐可憐我！」我乞求著。「我有三個嗷嗷待哺的小嬰兒，不停在哭喊著要找我……」另一次我則對著它唱起搖籃歌，想給我的孩子聽。

但是我得不到回答，只有黑暗與寂靜。

第5章 地獄牢籠

「喂，拉她出來，滿一個禮拜了！」我被關了好久好久以後，第一次聽到有說話的聲音。我才詫異到：才七天而已嗎？我還以為，我已經在那漆黑的房裡渡過七百年了。

一名維族警衛正在對他同事說話。鑰匙碰撞聲，我心跳加速地看著門打開一道寬寬的門縫，他們兩個走了進來。從外頭走道透進來的光讓我睜不開眼睛。但這情形沒太久，因為這時他們其中一人朝我走來，朝我的頭套上一個黑色的頭罩。

「跟我們走。」他說。

我踉蹌地跟著他們走出房間。我不敢相信，他們竟然要放我出去了！終於不用再待在那只有四道牆的黑暗地獄中！

我充滿睡意又不確定地跟著那兩人，穿過走廊，一直到樓梯間，他們告訴我要抬腳，以便步上階梯。我腿上的肌肉因為太久沒運動，已經不聽使喚了。但我還是告訴自己，要使勁。畢竟再沒有比能逃離那恐怖黑獄更讓我渴切盼望的了。我渴望著能夠重見天日！

他們實際上帶著我往上爬了三層樓。到了地面層時，我開始上氣不接下氣。他們接著帶我到一個房間，一名女警衛把我身上衣物脫掉。她把我身上的毛衣、牛仔褲以及發臭的汗衫都脫掉，這些衣物在坐牢這段期間我都一直穿著。接著她給我穿上乾淨的布料長褲，並命令我抬起雙臂，好讓她幫我穿上新的上衣。

她弄完後，又把我交還給那兩名男警衛。「現在朝左直走，現在右轉。」他們命令著我。我聽到好像有道門打開的聲音。難道是要釋放我了嗎？他們把我推過一道門檻。這後頭是自由嗎？我聽到有人低聲交談，一股汗臭味直撲我而來。「好了。」一名警衛道，隨之將我頭罩除掉。

我眨眨眼。這是哪兒？我的眼睛還不適應光線，所以一時之間什麼也看不到。突來的亮光讓我雙眼刺痛。但接著我就感覺到，有很多女性圍繞著我，大約有三十人之多，緊貼著彼此擠在一起。她們好奇地打量著我。她們全都是維族女性，或者正確點該說是維族女囚，我之所以知道，是因為她們全都穿著清一色的藍色囚衣。我往自己身上一看，大感震驚：我也穿著同樣的囚衣。這時我也發現，自己其實是置身於牢房裡。這裡大約四十平方公尺大，沒有窗戶。但兩邊有兩個通風口，屋頂有天窗，上頭的天光透進來。

發現自己竟然不是被釋放，讓我不敢置信，而且依這情形看來，也不像短時間內有這可能。「為什麼你們不釋放我？」我朝後頭的警衛大喊，他們正朝外走去，從外頭鎖上牢門。「我什麼也沒做！」他們不回答。「我是無辜的！」但他們早走了，只剩我和那些女性在牢裡。

我好想痛哭一場。我原希望這場奇幻旅程能夠很快結束，或者有圓滿結局，但這希望破滅了，我跌坐在地。「省省吧。」一名女性以幾乎聽不到的聲音說。「這只會自討苦吃！」

我不懂她這話什麼意思。但我隨她眼神，看到房間後頭角落有一架攝影機。她輕輕地點點頭：沒錯，我們被監視著。那位女士又用眼神朝另外三個角落指去，果然：房裡四邊都安裝了攝影機，偷偷在監視著我們，留意著我們的一舉一動。

那位女士樣子非常漂亮，只壞在那一身藍色條紋囚衣。她散發著一種貴氣。皮膚非常的白，還有迷人的大眼睛，那雙眼睛就這樣看著我。這麼一位高雅的女性怎麼會淪落到這裡來呢？我心裡納悶。

「請問你是？」我低聲道。

「伊蘭。」她回答得非常簡短。

「你在這邊很久了嗎？」

「兩個月。」

我大為吃驚。兩個月！這簡直是一輩子了。我還想多問，但她很明確地要我別再多說。不用多久，我就明白原因了。「安靜！二十四號囚犯，這是第一次警告。」一個女性的聲音從擴音器裡咆哮，而她明顯指的是我。也是從這段擴音，我才知道自己被指定為二十四號。當我瞄了一眼藍色條紋囚衣左胸上的名牌後，也確認了我的猜測。那上頭寫著我的姓和我的號碼「二十四」。

慢慢的我瞭解到，這座牢裡的規矩非常嚴格：不准交談。也不准在牢房中任意移動。我所有行動，一定要先請示獲准後才能進行。但請示要透過對講機，這樣才能跟警衛說話，而她們則在外頭，用監視器監視著我們。所以我們要先打手勢示意，等著他們用擴音器詢問需要才能開始講。

要請示的事項小到連上廁所都不放過。牢房一角的地上挖了一個洞，要方便的人就在眾目睽睽之下在那邊解決。但都要在請示獲准後才行。但這不表示可以隨自己高興經常上廁所。要是問得太頻繁，或者剛好那天警衛心情不好，她們也會回絕你的請求。那可是很不舒服的事，有時候有些人還因此尿濕了褲子。

除此之外，擴音器的功用主要是用來對我們威嚇和下命令。從一早四點半開始，它就會用很大聲的廣播把我們叫醒，命令我們起床。這意味著，我們的生活就像士兵一樣照表操課。每個人都要站特定的位置。排隊時會命令我們要立刻走到定位上，一步不差。另外，我們也被要求唱國歌，也就是所謂的《義勇軍進行曲》，那可真是諷刺到了極點。因為歌詞是這樣唱的：

起來！不願做奴隸的人們！
把我們的血肉，築成我們新的長城。
中華民族到了最危險的時候。
每個人被迫著發出最後的吼聲：
起來！起來！起來！
我們萬眾一心，冒著敵人的炮火，前進！
冒著敵人的炮火，前進！
前進！前進！進！

每天早上，至少有半個小時，都會邊唱著這首歌邊原地踏步，有時還會唱更久。所以整首歌反覆唱了無數次。曾幾何時，腦中就只剩下這首歌的旋律和歌詞。腦中反覆播放著的都是這首歌，再也放不進別的想法。但說來，這也是一種解脫。至少對我個人有用。

在清晨唱歌踏步之後，則是如廁時間。這可得花上好一段時間，因為廁所每次只容一人使用。這之後整個牢房可謂臭氣沖天。頭幾天我真的羞於在眾人面前如廁，因此就乾脆不上廁所。但到後來我腹痛難耐，什麼也顧不得，只能跟別人一樣。

早餐只有一杯稀粥。要喝到它，還得排上長長的隊。然後輪流上前向獄卒鞠躬。因為獄卒說，只有頭夠低，裡頭才會生出好想法。這目的是為了貫徹中國共產黨思想。「坦白從寬。」獄卒這麼說。「抗拒從嚴。」

他們還要我們也不斷誦念這類的共黨口號。獄卒多數是從離新疆很遠的其他省份來的年輕男性，會先念一遍這類口號給我們聽，然後要我們跟著念。但他們往往念的很快，讓維族婦女難以聽懂。很多女性囚犯只是不知所云地照著念這些中國字，很努力想要不念錯，因為一旦念錯，就會遭受那些男獄卒以電擊棒懲罰。我也一樣低著頭跟著念：「坦白從寬。」不然連那稀粥都沒得喝。但我跟其他囚犯不同的是，我瞭解那些口號的意思，所以每次念都讓我感到想吐。稀粥的味道很恐怖。很多女囚一喝就馬上吐了出來，因為感覺反胃。但我卻狼吞虎嚥，因為我急需補充液體。那時候是五月，每天都很熱，我流了很多汗，因為我們牢房溫度直升。但除了那碗稀粥以外，我們每天只被分配到一杯水。

在每天早上的例行公事後，獄卒會把《紅書》送到牢房。我們一共會拿到十本，這數字是經過計算的，書上都有編號，這樣才不會被我們弄丟。因為這些書（不要跟毛澤東的《紅寶書》搞混了）在中國是國家機密，只有在監獄、集中營和公安訓練時才會出現，或者是要給人民洗腦教育時才會出現。這裡頭不只有共產黨口號，還有毛和習近平總書記的語錄，以及愛國歌曲歌詞。書裡頭的這些文字，成了我們在牢裡的存在目的。

這書上所有的東西，我們都要一一牢記，一字不漏，每天背一課。擴音器會告知我們今天要背哪一課。比如說，有一天早上，它就告訴我們蹲在地上，然後念書上某一頁。許多女獄友不像我是讀過漢語大學的，她們完全就跟不上進度。她們連漢字都不認得。「我一個字都不認得。」我一來這裡就自我介紹是伊蘭的那位大眼睛女士私下跟我說。

「要我幫忙嗎？」

她若有似無地點了頭，所以我就蹲得離她近一些。我輕聲地開始把那一頁的內容念給她聽，然後再解釋涵意。這時幾位蹲坐在附近的女士也專心聽我說。因為她們也有同樣的問題：要是晚點不能把這段完整背出來，可能就要吃不到飯或者被毒打一頓。一開始我還有點緊張，但隨後我就放開了。因為在外頭看著監視器、監視我們一舉一動的公安，似乎對於我的協助講解睜隻眼閉隻眼，沉默以對。總之我就沒聽到擴音器發出警告。通常，如果一個人收到三次警告後，就會遭到毒打以示懲戒，但我幸運的逃過一劫。

「謝謝。」事後伊蘭輕聲地說。

「沒什麼。」我也低聲說。之後我們就不敢再說話，以免惹來麻煩。

這時擴音器又命令要進行下一個活動：要我們起立，頭部交互左右轉動。轉動的同時，還要背誦剛剛讀過的內容。「革命與認清階級，以及階級鬥爭是必要的，這樣中國人民才能戰勝內部和外部的敵人。」我們同聲背誦著毛澤東的名言。伊蘭偷偷地對我眨眼，表示她這下也能夠完整無誤地背出來了。

僅次於革命領導人毛澤東，書中最常被引述的人就是總書記習近平。該書的作者群總是稱他為我們「偉大的領導」。「實現中華民族偉大復興是我們的責任。」他的思想我們緊緊牢記。

在背誦活動進行半小時後，我們要進行新的活動。擴音器裡的聲音要求我們原地踏步，邊踏步要邊唱書中的共產黨歌曲。這要進行一整天。我們的活動節奏雖有快有慢，但基本上都是同樣的事，一而再地重複著：先念書中文字，演唱共黨宣傳歌曲或是高喊共產黨口號，全都是我們之前已經背過的東西。踏步、做操、坐著不動，一切都要依據擴音器要求。重要的是，要讓我們從早到晚沒有一分鐘可以自主或胡思亂想。

一天作息中唯一固定不變的時間，就是放飯的時候，但這同時也是既正面又負面的最高點。在正午時，我們再次在牢房門口排成長長的人龍，這次是要一人領一個饅頭。從一大早到現在，我們除了那碗稀粥以外粒米未盡，到現在肚子都已經咕咕叫了。獄卒當然也心裡有數。正因為這樣，才能讓他們把我們玩弄在股掌之間。

這時他們用言語糟蹋、侮辱我們。當我們一步步走向大門領飯時，他們會說些像是：「你們這些犯人。共產黨已經對你們夠仁慈的了，還賞你們飯吃。」或者刻意讓發飯與某些工作綁在一起。他們最常在發飯前要我做的事，就是要我唱國歌。唱完才把饅頭給我。這種蒸的濕麵饅頭，一般是剛出蒸籠時趁熱最好吃。但他們發給我們的饅頭卻總是已經放了好幾天，變得又乾又硬了。到這時要入口，就只能吸吮著吃，不可能先咬再入口嚼化。

下午時間同樣也是在政治洗腦和軍事化操練。偶爾則會有特殊任務，像是接到命令要打掃牢房。這時會發給我們小條的毛巾，但沒有水。然後要求我們把牢房從前到後打掃一遍。這一定要跪著擦才有辦法辦到。

到了黃昏，就是獄卒第三度藉放飯羞辱人的時候。這一次我們要是運氣好，可以領到一碟飯，外加一顆饅頭。但有些人則還是逃不過一頓毒打。而那些無法背好指定功課，或者是中文發音不標準的，只能空手而回，把希望寄託在明早。

到了晚上十點，他們終於不再整我們。天花板的燈熄了，但還不能躺在地板上就寢。因為我們人數實在太多，牢房空間不夠。只有三分之一的人有幸可以躺平，其他人則只能坐著睡。背靠著背，我們擠在酷熱的牢房裡，等待著疲累讓我們的眼睛闔上。到了半夜，我們會換姿勢，讓另一批獄友可以好好躺一會兒。

每到夜晚總讓我格外痛苦。燠熱和很多身體聚集的強烈氣味，實在非常難忍受。為什麼我要和這些外國人日日夜夜、靠得這麼非人的近呢？尤其每當想到我那些孩子時，更讓我飽受煎熬。我總是不斷地想到他們，不知道他們現在在哪裡。是在政府機構裡？即使只能短短一刻，讓他們回到我的懷裡，讓我搖他們入睡，或是輕撫他們小小柔軟的臉頰，我什麼都願意做。

不只心裡苦，我的肉體上也深受其苦。這時離剖腹產不到兩個月，我的身體還沒有完全康復。再者，我的胸部也一直漲痛，因為還有乳汁分泌。但這些乳汁再沒有人喝了，在剛來這裡的頭幾天，總是漲到我以為胸部要炸開了。半夜時我常會醒來，發現自己的衣服被母乳浸濕。

但這時候，我被夾在兩名女性中間蹲坐著，什麼也不能做，只能乖乖坐著。等啊等的，等到濕掉的衣服自己乾掉，再等到早上，又是這地獄中新的一天開始。我輕聲啜泣著。再等下去或期待什麼，已經沒有意義了：我這樣無止盡地坐下去，與我的孩子們分隔兩地，已然失去再見他們的希望。只有我頑固的身體不願接受現況。

「怎麼了？」一個聲音在黑暗中輕輕地問我。是伊蘭的聲音，她的背靠著我的背。即使我因為顧慮到監視器，儘量不想哭出聲，她還是注意到我的顫抖。

「沒什麼。」我同樣低聲回答她。

「你說沒關係啊。」她堅持著。「為什麼哭呢？」

「我……我的奶水就這麼流失了。」一陣顫抖流過我全身，我幾乎泣不成聲。

「這原是要給我孩子喝的奶水。」

「哪些孩子？」

伊蘭一副不解的樣子。「我有三個新生兒。」我跟她解釋。「是三胞胎。我的胸部不停在為他們分泌乳汁……分泌太多時，就自然會流出來。」

「真的嗎？」她不可思議又驚訝地問。

「他們多大了？」

「兩個月。」

「天啊！那你一定很想他們！」

我啜泣著，但顯然是太大聲了。「安靜，二十四號。」擴音器傳來聲音。「這是第二次警告！」我們立刻安靜下來。因為三次警告就要被鞭打了，我們兩個都很清楚。可是知道伊蘭關心我的遭遇，讓我得到一絲安慰。她還鼓起勇氣和我說話。在這非人的地獄裡，這樣的舉動意味深長。

就這樣，利用夜晚的時間，我和她把握每個機會短短聊個幾句。當然，都是偷偷地。我們就像偷情的情侶，以不引人注意的方式接近對方，卻又極度小心地避免引起旁人的注意。

慢慢我瞭解到，她還沒有孩子。「我有過一段很短的婚姻。」她低聲道，同時兩人埋頭在《紅書》中，一副像在專心研讀課文的樣子。

「有多短呢？」

「就六個月。」

「他是個好男人嗎？」

她臉紅了。「是啊，非常好……」

我原想繼續問下去，她老公現在哪裡，又怎麼面對分開的。但是這時擴音器又發出喀答喀答的聲音。一名公安的聲音命令我們起來踏步。

這時伊蘭突然被警衛帶走。他們叫她的號碼，然後就命令她跟著走。我永遠記得她離開時那一臉驚恐的眼神。在那之後，我就沒見過她了。她走後的隔天，我在想她會不會已經獲得釋放？或許她已經回到心愛丈夫身邊？真希望是這樣。但就在同一晚，晚上放飯後，她又被丟回我們的牢房了。

伊蘭的樣子非常不好。眼圈很黑，臉上則有瘀青。我知道這意味著什麼。「他們審問你了嗎？」我們躲到兩台監視器照不到的死角時，我低聲問她。她證實了我的猜測。

「是在問我先生的事。」她低聲道。「她是伊朗人，我們之前住在杜拜。」公安一口咬定他們在那邊時，有和穆斯林激進份子接觸，命令她招認。這讓我想起自己被審問時的情形。「要是我不要一心想著回烏魯木齊，探望我爸媽就好了。」伊蘭低聲說。「都是因為這念頭，才害得我們落到這個下場。」

我懂伊蘭的意思。我也是為自己不好好待在埃及而深深自責，不然我們都能逃過這一切，尤其是我那三個可憐的孩子。而且，這可能還波及到我爸媽。因為要是伊蘭所說的事可信，那我們在家鄉的親人可能也無法倖免於迫害。「有親友入獄的話，本人也涉有嫌疑。」她告訴我。

「涉有什麼嫌疑？」

她聳聳肩。我們連自己哪裡「違法」都不明白了。

第6章
你們對我兒子做了什麼？

七月的一個早上，剛吃過早餐稀粥後不久，兩名公安突然又出現在牢房裡。兩人在腰上都繫了警棍。「二十四號犯人出列！」他們喊道。是我。我做錯了什麼嗎？我該擔心受到懲罰嗎？會不會是我和伊蘭那短暫的交談惹的禍？我朝牢門走去時，心裡七上八下。兩名公安二話不說，就將黑色頭罩往我頭上戴。

他們把我推到走廊上。我聽到身後牢門關上的聲音，接著則是鑰匙上鎖的聲音，這聲音我和獄友都已經耳熟能詳。但這次我卻是站在牢房的另一邊，是在牢房外頭。我現在應該讓自己重燃希望了嗎？還是要準備接受另一次審訊，忍受另一次的疲勞轟炸？又或者要得到自由了？「跟我來。」他們命令我。

他們領我到一個房間後，一名女公安就幫我把頭罩和手銬都拿掉，還幫我把那身發臭的藍色囚衣脫掉，再幫我穿上入獄當天穿的牛仔褲、汗衫和毛衣。我嗅聞著那味道：全部衣物都是乾淨的，有一種強烈的洗衣劑的味道。

然後我就在這警衛室坐下，對面是那位女警和另一位維族男公安。他們告訴我說，我要被釋放了。我完全不敢置信，所以一時之間竟然無法理解他們什麼意思。

「你們是說，我可以走了？」我小心翼翼地問。

「沒錯。你可以走了。」那位男公安道。「但你要知道，你已經被列入黑名單。往後只要再犯罪，即使再輕微，我們也會將你逮捕歸案。」

「我們會緊盯著你不放。」那位女公安又補上一句。

「還有別忘了，不是只有你要為你的行為負責，你的父親也要為你的行為負責。畢竟是他來保你出去的。」

「您這話什麼意思？」

「意思就是，你接下來要待在他家裡，居家監禁。只要你稍有差錯，不只你自己有麻煩，他也一樣。」男公安清楚說明。他用非常銳利的眼神看著我。「你不會想害你爸爸因為你吃上牢飯吧？」

這是多麼陰險惡毒的威脅啊！我頓時啞口無言。

「那很好。」他宣布道。「那就照規矩來。這裡簽名，表示我們已全數歸還你的個人物品。」他遞給我一個表格，裡頭有我的名字。下面有一個地方要簽名。我遲疑了一下，畢竟，我只領回我原本穿在身上的衣物。我其他的行李呢？

「我的護照呢？」

「你的護照、個人證件以及孩子的護照，都由我們代為保管。」

「是喔。」我答。「那我的手機呢？」

「同樣由我們保管。你的號碼已經被封鎖。所以從現在開始，你也不需要手機。快簽名吧。」他催我。「還是你不想走？」

我該不該抗議？「拜託，別了！」我腦海裡冒出一個聲音。我拿起原子筆，簽上姓名。不管了。

「幹得好。」男公安道。

「我的孩子呢？」我問。「他們在哪？我可以見他們嗎？」

「沒問題。」女公安答道。我的心跳加速。「所以我們才要放你出去。他們在市立醫院。」

我狐疑地看著她，但她沒有想要進一步解釋的意思。「你父親很清楚。」她只這麼說。「現在去找他吧，他在外頭等你呢。」

這兩名公安為我開了門，引我到外面，彷彿我是來這裡參觀一樣。對於今天出現這完全沒有預料到的轉折，我還是半信半疑。過去兩個月來，我看遍了人性的煉獄。這讓我學會了，誰都靠不得，誰都信不得。所以這一刻我在心裡問自己：這兩名公安該不會是想要藉此卸除我的心防吧？他們會不會到最後一刻，又把我抓起來，送回到監獄裡去，跟其他女獄友關在一起？

但這些事卻全沒發生。我小心地穿過大門，然後來到外頭溫暖、乾燥的七月空氣中。驕陽亮得我睜不開眼睛。我格外緩慢地穿過柵欄，因為我不想顯出緊張的樣子。那邊的大門警衛一點也沒有攔我的意思，任由我走了過去。我就這樣頭也不回地離開了警局。

然後我就看到我爸爸了。看到他時，我非常的驚訝，因為他頭髮忽然都白了。上次在埃及看到他時，他還是一頭黑髮的。現在卻像是個老人一樣，眼中滿是悲傷。「米日古麗。」他叫著。

我投入他的懷中，聽到他的啜泣。他緊緊地抱住我。

「真的很抱歉，爸爸，我該聽你的話。」我告訴他。

「沒事，沒事。」他說。

「你說的沒錯：我實在不該到國外留學的。不然就不會發生這麼多事。」

他搖頭道。「沒這回事。」

「真的很抱歉，給你惹了這麼大的麻煩……你不該來保我的！」道歉一個接著一個地說個不停，因為我真的非常自責。

「你先冷靜下來吧。一切都過去了。」

但我實在不敢確定，是否真是這樣。遭遇了這許多之後，我總覺得下一刻一定又會出現新的災難，讓我很難對未來抱持樂觀。

「我們現在先到醫院去接你的孩子。然後就一切就沒事了。」爸爸又說了一遍。

「喔，對了，我真的迫不及待。」我也同意。終於能再見到三個孩子。

爸爸用行動電話叫了一輛計程車。在車上時，看著窗外烏魯木齊市區的摩天大廈，我心裡不斷在想著那三個孩子，不知道在這段期間他們過得好不好。在獄中時，我一直希望他們是被送到我爸身邊，讓他好好照顧這三個孫子。但連我爸爸也對他們的下落一無所知。所以我們只能假設，他們這段日子都是國家機關在照料著。但願他們三個都健健康康的，我心裡著急。但願要去醫院接他們，不是因為他們發生什麼要緊的事，所以沒能待在國家育嬰中心。畢竟，我們母子分離之前，我都一直有在給他們餵奶。因此我也很想知道，他們在這段期間有沒有喝到充足的奶水。

「別想東想西，米日古麗。我們家的基因是很健康的。」爸爸想給我打氣。但從他的聲音裡，我聽的出來，他其實也很緊張。我們兩個都不知道接下來會是什麼狀況。隨著我們離醫院越來越近，這種未知的心情就讓人越難受。一方面，想到我和穆罕默德、莫亞茲、艾蓮娜終於可以母子團圓，我的心跳就因為興奮而加快。但另一方面，我卻也難以克制為他們三個焦慮與擔心。

在醫院門口告知他們我的姓名，並出示公安給我的證件。帶領我們的護理人員早就已經知道我們要來。「啊，是圖爾蓀女士，三胞胎的媽媽。」他說。

「他們三個還好嗎？」

「請跟我來。」

他領著我們穿過小兒科候診區一道長長的走道，那邊有其他小朋友的爸媽，同樣坐在長長的塑膠板凳上等候著。護理人員這時向我們示意，要我們也坐在那邊等。「請您稍候一會兒。」他道。「我馬上就帶孩子過來。」說完他就不見了。我巴不得能跟他一起去。

接下來的幾分鐘就好像一輩子那麼久。坐在爸爸身邊的板凳上，我不安地前後晃動著。「他會不會找不到孩子？」

「或許有些必要的程序要完成。」爸爸安撫我道。我點點頭。沒有他們我就不走。在兩個月的分離之苦後，就剩下這短短的時間要忍耐了。

終於那位護理人員出現在門口。他手裡抱著一個嬰兒。我的孩子！我心臟蹦蹦地跳著。我跳了起來，朝向他們兩個奔去。「莫亞茲，我的老么。」我大叫。「我心愛的小兒子！」

護理人員把裹在毯子裡的小嬰兒交到我手上。正如我所料，很蒼白又體重不足。只有頭部出奇的大，像是充了氣的氣球一樣。即使如此，當我把心愛的小兒子抱在懷裡後，一種莫明的幸福感像電流一樣傳遍全身。「莫亞茲！我的小莫亞茲。」我不停地喊著。

「其他兩個呢？」我聽到爸爸這麼問。

這時出現另一位女護理師，她懷中抱著另一個孩子來了。是艾蓮娜！我心愛的女兒艾蓮娜。我雙腳一軟跌坐在凳子上，護理師隨即將她抱給我。我不相信自己能這麼幸運：我將兩個孩子抱在手上了。

我拚命地親著兩個孩子。但艾蓮娜也跟莫亞茲一樣，體型偏小又骨瘦如柴。不過她的頭在比例上算是正常的。我心想，應該是因為突然從母奶轉換成奶粉不適，造成營養不足的原因。她的眼睛斜得奇怪，這情形之前並沒有。另外我也覺得他們兩個的臉色不對勁，看起來就像從來沒有呼吸過新鮮空氣一樣。「以後不會再這樣了。」我跟孩子們說。「媽媽回來了，以後會好好照顧你們！」我和爸爸交換了眼神，他充滿慈愛地看著我和兩個孩子，眼中泛著幸福的淚光。「那第三個孩子呢？」他問那位男護理師。

他的眼神閃爍著。「很可惜沒辦法把他帶來。」他道。

「為什麼？」

「他還在，嗯……接受治療。」

我彷彿遭受晴天霹靂一般。這什麼意思？我的長子怎麼了？「穆罕默德生病了嗎？」

「他在加護病房。」他結巴道。

「可是我要帶他一起走！」我不由自主地說出自己的主張。因為在經歷過那一切之後，我唯一的心願就是和我的三個孩子團聚，再也不要被人拆散。

「真的很遺憾，但是不能讓你帶走。他的情況不是很穩定……」

「他是什麼病？」

「他有……呼吸困難。」

這人說話的樣子讓我覺得不對勁。我開始想東想西，他是有什麼事隱瞞我嗎？

「我一定要見到我兒子！」我求他，「拜託你！」

我有一種感覺，那護理師一定是接到上級的命令，要他絕對不能放我兒子離開。但爸爸和我不斷地跟他拜託。我們強調，我們有權知道孩子的狀況。爸爸要求他立刻去請位醫師過來，和我們交待孩子的狀況，並解釋不能讓我們帶走孩子的原因。但護理師顯得很不自在。他找了各種理由想讓我們打消念頭。最後他終於讓步，願意讓我們遠遠地瞧孩子一眼。他領我們到一道玻璃門前，門後擺著各式急救器具。在那房裡，有五、六位小朋友在接受照顧。躺在小小的床上，大部分身上都插著各種器具和管子。那樣子真的很嚇人。我心頭一緊。那位護理師指向房中最裡頭的一角。「在那，最後面，那就是你的兒子。」他邊說邊指著一個仰賴人工呼吸的小嬰兒。我把臉貼著玻璃。那是我的兒子嗎？我只看到是個嬰兒，但卻認不出是不是他。

「請讓我到他旁邊，只要一下子就好。」我再次求他。

「不行，這絕對不可以。」那位護理師堅持道。他以衛生理由拒絕，不讓我們靠近那嬰兒床。「拜託你們就回家去吧。」他說。「探病時間到了。」

我們心情沉重地離開了醫院，還是沒能接回穆罕默德。但儘管如此，讓人略感欣慰的是能把兩個孩子抱在懷中。至少兩個小的現在回到我身邊了，而最晚明天，我就要回到醫院去，向醫生要回我的長子。

離開醫院後，我們直接前往飯店，爸爸已經先預約好房間。姨媽先到了。看到我和父親還有兩個寶寶出現在門口時，她露出有點驚訝的表情，但隨及熱情地擁抱我。「天啊，你終於到了！」她說，「甚至連小朋友也來了！我原以為你們全都不見了呢。」

爸爸一進來旋即又出去，他要去張羅奶粉，因為我已經無法分泌足夠的乳汁了。我和曼齊兒則馬上忙著清理工作。姨媽第一個動作就是把我趕進浴室裡。我褪去身上的衣物，站到蓮蓬頭下。當熱水流過我身體那一刻，那簡直就是人世間最豪華的享受。接著我用肥皂刷洗身子，那肥皂水竟然變成褐色的。我可真是髒透了。

接著就輪到小寶寶們了。我們把艾蓮娜和莫亞茲放在浴缸裡，給他們洗澡。這時我再一次覺得，他們怎麼這麼瘦小。我都可以摸清楚莫亞茲每一根肋骨了，而他的呼吸也很淺。我溫柔地洗著他小小的身子，卻不由得發現到，他不僅很髒，而且有些部位還受傷。我猜想，他應該是被放在床上太久。於是我仔細地把他全身檢查一遍。讓我大感震驚的是，在他的脖子上竟然發現一道割痕。

「你看看，這是什麼？」我問就站我旁邊的曼齊兒，她正忙著洗艾蓮娜。她用手指小心地順著莫亞茲皮膚上那條痕摸，莫亞茲一被碰到那裡就開始嚎啕大哭。

「看起來有點古怪。」她說。「在醫院那邊是發生什麼事了？」

我也沒有答案，但我心裡也在問著同樣的問題。另一邊，我檢查艾蓮娜的脖子時，同樣發現一條長長的傷痕。這讓我頭皮發麻。「你看到了嗎？」我指著艾蓮娜脖子對姨媽說，那傷痕跟莫亞茲一樣，都還沒有完全癒合。「她跟弟弟有同樣的割痕。」

「這也太古怪。」

「有什麼能解釋得通的嗎？」我顫抖著問她。「這不對勁！」她毫無頭緒地看著我。

「曼齊兒，醫院對我的孩子做了什麼？」

在給爸爸看過兩個孩子脖子上的傷口後，爸爸也是驚恐不已。他立刻就打電話給醫院小兒科部門，要求找醫師。「不好意思，但我們所有醫師現在都在忙。」一位正在執班的護理師這麼說。「但您可以告訴我是什麼事，我好為您服務？」

「是關於我女兒米日古麗．圖爾蓀的三胞胎。」

「請稍候，我去調閱病歷資料……」電話另一頭傳出沙沙聲。

「啊，找到了，是犯人圖爾蓀的孩子。好……」

「孩子們脖子上明顯的割痕，請給我一個解釋。」

那位女護理師不說話了。

「您聽到了嗎？」

「有的。」

「是關於脖子上的割痕！」

「不好意思，但我在病歷上沒有查到記錄……這邊只有記載您的孩子不願意喝替代乳品，必須以人工方式餵食，所以必須以胃管餵食。」

「從脖子？」爸爸已經失去理智了。「您認為這樣的解釋我聽得進去嗎？」

「請您克制一下。」那名女護理師訓斥道。「您應該感到慶幸，您的孩子能在我們這邊得到照顧。畢竟他們都是外國籍，能獲得這樣的照顧可不是他們應得的。您應該好好感謝中國政府。」她連珠砲般地講了一大串的愛國官宣。但對於孩子究竟遭受到什麼樣的醫療處置，她卻是不肯再多說半句。

那一晚，我們全都睡得很不好。部分原因在於兩個孩子老是醒來，要人哄。但同時我自己也很不安。我不斷因為擔心兩個孩子而醒來，也因為我想破頭地在問，孩子們，尤其是穆罕默德，在我被迫入獄那段期間，他們在醫院裡究竟發生了什麼事？

到了早上六點，爸爸的行動電話忽然響了。手機螢幕上顯示的號碼是醫院打來的。他馬上接了起來。

「是的？我是。」他道，我在旁邊看到他的臉色一沉。他難過地搖著頭。「不可能的。」他說。「您確定不是搞錯人嗎？」

另一頭的聲音說了不知什麼，然後爸爸就掛斷了。「怎麼了，爸爸？」我問。我心裡準備著應該會是壞消息。「是穆罕默德發生什麼事了嗎？」他好像說不出話來。爸爸看著地上，不願意抬起頭來。最後他清清嗓子。「他們說，穆罕默德昨晚死了。」

這消息就像雷擊一樣劈過我全身。「不！」我不願意接受事實。這不可能是真的。我心愛的小穆罕默德死了？昨天我才剛看到他的啊！

爸爸把手放在我肩上。「來，我們一起到醫院去。」他道。

醫院的小兒科部門已經在等我們了。昨天和我說過話的那位護理師身旁，現在還站了兩位年輕醫師。其中一人是漢人，另一人是維吾爾人。他們向我們致哀。「為您的兒子我們盡了全力了，圖爾蓀女士。」漢人醫師道。「但實在是他不夠強壯。」

維族醫師點點頭表示同意。「三胞胎的存活本就不易，而每個胎兒不可能都同樣健壯……」

這話聽在我耳裡一點也說服不了我。因為三個孩子中，穆罕默德從一開始就是最強壯的，也是最有力氣的一個。他是第一個生出來的，也是三個中體型最大的。再怎麼說，他都不會是三個中最不夠強壯的那個。

「他是生了什麼病嗎？」我直截了當地問。

「他的肺部太虛弱。所以到後來我們還得給他插管。」

「情形您昨天也看到了。」這時護理師也插嘴道。

「我們真的盡力搶救了。您應該對中國政府心存感激才是……」

兩位醫生和護理師這些話，有如一層紗地罩著我。我感覺到一種說不出來的不真實感。好像他們在講的，不是我和我的孩子的事。因為我的孩子不可能就這樣死了。我拒絕接受這件事。

「可以請你們把他的遺體還給我們，讓我埋葬孫兒嗎？」我聽到爸爸這麼說。他在說什麼？

「這是當然的。」維族醫師同意。「我們現在只要填妥文件即可。」他們的討論我完全無法聽進去。因為我很清楚：我的兒子還沒死。

沒多久，一名醫院管理部門的女士過來，給我們一疊文件，包含穆罕默德的死亡證明，以及治療費用，這些都要我親自簽名。但我拒絕了。「這全都在撒謊。」我對爸爸說，隨手就將桌上那疊文件斷然推開。他以嚴厲的眼光看著我。

「要是你不簽名，我們就無法發還你兒子。」那位女士語帶威脅道。

「就簽了吧。」爸爸催促著我。我知道他是擔心，要是我在醫院鬧事，恐怕會再度入獄。結果最後是由他代我簽名。

那位女士見狀也就滿意了。「很好，那我把他帶來。」她說完掉頭就走。

那位女士再回來時，手裡捧著一捆東西。那東西就像前一天，醫院把兩個孩子交給我時的樣子，穆罕默德就這樣被捆在白床單裡。

「那是我的孩子！」我一邊朝她靠近一邊說。

那位女士把那捆東西往我懷裡放。冰冰冷冷的。我一輩子也忘不了那種感覺，就這樣穿透了我的身體，而這是我重新抱回大兒子的感覺。我立刻就認出他來了：有著黑色捲髮、獅子鼻的孩子，正是我的長子。現在的他卻是硬梆梆、冰冷冷的閉著眼睛。他也和另外兩個孩子一樣，在脖子處有一道明顯的割痕。

我在懷裡搖著他，輕輕摸著他小小的臉龐。他的雙頰已經因為冷凍而變得僵硬。毫無疑問，這個孩子是剛從冷凍櫃中取出來的。但我不想當他已經死了，所以我就跟那位醫院人員要了一條毯子。我真心覺得，只要我給穆罕默德足夠的溫暖，他就可以再醒過來。她默默地給了我一條毯子，然後就客氣地請我們離開醫院。

「等下他就好了，孩子只是冷著！」在搭計程車前往烏魯木齊公墓時，我跟爸爸這麼說。

他也不糾正我。「是啊，米日古麗。一切都會好轉的。」他重複著。

第7章
「你的神是習近平！」

從烏魯木齊到且末的途中要經過塔克拉瑪干沙漠，我們維族人稱為「有去無回的地方」。這一千兩百公里的路上，要穿越只有沙丘和炙熱夏日烈陽下的一片荒蕪，才能回到我們的故鄉且末，我爸媽和我，帶著兩個孩子，正搭著巴士行走。但對於這趟旅程，我現在卻一點記憶也沒有。

我只知道，整趟旅程中我手上一直抱著那只原本包裹著穆罕默德的大毯子，在踏上這趟旅程前，爸爸把穆罕默德從我手上接了去，好讓他下葬，這樣我們才能踏上回且末的旅程。按伊斯蘭的儀式，下葬應是在過世當天舉行。但我們猜想，孩子其實已經過世了有段時間了。因此我們也只能儘早下葬。

但在烏魯木齊，當天能夠找到的墓園只有難民墓園，葬在這裡的人要不是非烏魯木齊居民，就是沒錢可以正式舉行葬禮的人。現下也只有那裡有墓地了。更困難的是要能請到一位伊瑪目，能在下葬時前來祈禱。爸爸尋遍各大小清真寺，但所有神職人員都不想因為來祝禱而惹上麻煩紛紛拒絕。他找了很久，快要絕望時，不得不以相當於兩百歐元的額外代價讓兩位伊瑪目點頭。

到了墓園時，姨媽建議我留在車上，她和我爸爸帶著孩子進去就好。所以我就照她的建議。當人們看到爸媽想為小嬰兒下葬時，許多人都主動說，願意讓穆罕默德和他們的親人葬在一起。伊斯蘭信仰相信，嬰兒去世後會成為天使。有天使眷顧死者，就會帶來好事。多數人相信，這樣可以減輕死者在地獄的痛苦。但爸爸拒絕了他們的好意，因為這些人他都不認識。他不想我的兒子因此誤與罪犯葬在一起。

他因此讓穆罕默德在屬於他自己的那一小塊墳地裡入葬。請來的兩位伊瑪目念出相應的古蘭經經文；儀式在沒有被打擾的情形下順利完成。之後他們就把穆罕默德的蒼白雙眼闔上，在我的小天使墳上灑上泥土和鮮花。一塊石頭上面刻著他的名字和生日，以及忌日，現在就裝點在他的墳上。除此之外，爸爸也在那裡植上一株胡桃木，儘管那裡土壤乾燥，風沙頗大，胡桃木卻茁壯薈萃至今。日後我還曾見過照片。

但在當時，爸媽辦完葬禮回來時，我卻對一切經過渾然無知，只是一味地沉浸在包裹穆罕默德的那塊毯子上，宛如他還躺在我懷裡一樣。當車子開上高速公路後，我還大罵：「別開這麼快，都把我孩子吵醒了！」

從那之後，我整個人就變了一個樣。好像我在烏魯木齊遺失了非常珍貴的東西。在那之前的我是個熱愛生命的人；充滿信心，有許多計劃想要實現。但現在的我，是一個失去兒子的母親。有很長一段時間，我始終無法接受兒子不在人世的事實。其實，一直到現在，我都還是無法接受。每當有人問及我有幾個孩子時，我總是會說三個。每當孩子們生日時，我總是買三份禮物。而送給長子的那份禮物，我會幫他收藏在盒子裡，保存起來。並跟其他兩個孩子說：「這份是要送給哥哥的。等他回來，我們再交給他。」

我現在當然已經明白，穆罕默德是再也不會回來了。但在他過世後的頭一個禮拜，我卻難以分辨。我完全與現實脫節。回到且末的家中後，我會好幾個鐘頭就抱著包裹他的小毯子呆坐著，以為他還睡在我懷中，對著他說話，餵他喝奶，要是姨媽聲音太大還會斥責她。「小聲點，」噓她，「你沒看到穆罕默德正在睡覺嗎？」

一開始，她只是同情地看我一眼默不作聲。她和我爸似乎深信，我是因為孩子的死失去了理智。但到後來，姨媽覺得這樣實在太不像話了。因為我幾乎成天病懨懨地坐在那裡，自言自語，所以她就採取行動，想辦法要打破讓我無法面對現實的幻想世界。她把我手中的毯子搶走，一把丟進屋外的垃圾桶裡。

我像是被毒蜘蛛咬到一樣，趕忙衝出門去。「我的孩子！」我哭喊著。「你把我的孩子扔了！」我想去垃圾桶，把那條珍愛的毯子抽出來。但她卻擋住我的去路，狠狠地賞了我一巴掌。

「你給我醒醒！」她對著我大吼。「那不是你的孩子，只是條毯子。你要認清，你兒子穆罕默德已經死了。」

「快把毯子還給我！」

「休想，毯子就只能進垃圾桶。」她堅持道。「現在給我進屋裡去，好好照顧另外兩個孩子。我可沒辦法再一個人顧兩個了。」

姨媽對我比我爸還要嚴格，也更沒耐性，因為，只要我一直沒當好媽媽的角色，所有照顧孩子的責任都會落在她頭上。「你那兩孩子需要你。」她對我正色道。「他們需要的是一個照顧他們的媽媽，不是個瘋子。」

這次事件之後，我就努力讓自己振作起來。即使經常為此跟姨媽有衝突，我內心裡總還是清楚，她對我的指責是對的。我想，我不肯接受穆罕默德已死的主要原因，是因為我內咎：我一直覺得自己是個失職的母親。是我讓他身陷險境，是我沒有足夠的能力保護他。因為我一直逃避這個痛苦的想法，所以一直躲在自己的幻想中。

當然，我對另外兩個孩子也有為人母的責任在。而這一點，姨媽始終不忘對我耳提面命，也終於把我打醒。要是我一味把自己綁在過去的愧疚中，躲在與現實斷絕的世界裡，而在照顧艾蓮娜和莫亞茲上再次失職，那就真的不可原諒了。這兩個孩子現在迫切需要我的照顧和關愛，我不應該冷落他們。「最少這一次要做得更好。」我因此告訴自己。「別再犯第二次的錯了。」

靠著這份自許，我慢慢地讓自己從震驚之中恢復過來，重新接觸現實世界，一個古怪荒誕的現實世界。我們租的是三房格局的住家，位於四層樓房的地面層。在我妹妹米麗邦搬到遙遠的廣東省去念書後，就是我弟弟艾克帕和他太太在住。但在我帶著孩子回來後，這邊就容不下這麼多人了。所以我弟和他太太就搬到他岳父家去住，把第二間臥室讓出來讓我和兩個孩子住。

過去，我的家鄉親友間常有大型家庭聚會，但在我和孩子回鄉以後，卻再也沒見到這類大型家庭聚會了。以前尤其是家中有新成員誕生時，大家總會在命名儀式時慶祝。在我外婆的村裡，我就有幾次獲邀前往這類慶祝。因此我原以為，爸媽會想在兩個外孫生日時辦這樣的慶祝。但我發現，這種習俗在我離開的那段日子已經在家鄉消失了。現在大家都不敢舉行大型聚會，因為大家都怕，萬一要是與會客人中有一個是當局看不順眼的人，就會牽連到所有與會的人。而因為我的身分，舉辦這種聚會就更有風險，所以我那許許多多的叔伯姨姑、表堂兄弟姐妹、外甥、外甥女、姪子、姪女全都避著我。他們當然早就已經聽聞我剛出獄，還在公安的監管中。像我這樣的人，人人敬而遠之，也因此沒有人會來我們家串門子。

因此在且末時，我幾乎可以說是遺世獨立。除了爸媽以外，唯一對話的對象就是公安，他們在我回來以後接管了我的「案子」，負責監督我的居家監禁。這些公安經常會到我們住處來問我話。他們想問的總是同樣的事：為什麼我被關在烏魯木齊？我被判了什麼罪？他們還給了我一支不能關機的華為手機，這樣他們才能隨時知道我的所在和對我進行監聽。我用那支手機做了什麼，或是在那支手機旁邊做了什麼，全都會被錄下來，做為下次審訊時被詢問的內容。我只能用這支手機打電話給我爸媽。除此之外，只能用手機接聽公安監管電話。至於線上活動，則一律嚴格禁止。

儘管我已經正式獲釋，依官方記錄而言是「自由」了，但在這種情形下，我根本就不可能將自己的狀況跟外界分享。既不可能與其他城鎮的人說，也不能跟新疆以外的朋友取得聯繫，更不能和我那外國籍丈夫聯絡。就算我不管這支新手機的唯一功能就是要監視我，而想把它拿來打電話給瑪穆德，我也無從得知和他聯繫的方法。因為，他的手機號碼，我是存在當初在埃及用的手機裡。而也因為長久以來，我們之間一直只用手機和簡訊聯絡，所以我也沒有他的電子郵件地址。

自從我們在北京機場分開以來，我始終沒能和他說上話，也無法告知他我的狀況。他可能既不知道我遭到逮捕，也不知道我入獄兩個月之久。他或許以為，在我如計劃抵達烏魯木齊後，去了我爸媽那裡，之後爸媽就不許我們有聯絡。他甚至可能以為，我是因為在家人的壓力下改變了心意，離開了他？在我那支埃及申請的手機被公安沒收後，他打了幾通給我？要是他認為我是出於個人意志，決定帶著孩子留在中國，卻完全沒有跟他商量，會不會覺得遭到背叛？至少我是這麼猜測的。他是否多次前往開羅的中國大使館申請入境護照，又一再碰壁？我也無從得知。

我也因為這樣，對瑪穆德懷有深深的歉意。他是這麼心地善良、有責任感的老公，在我需要時總是支持我。反觀我，卻是個完全失格的老婆。交往至今，我帶給他的只有麻煩。但最讓我心頭沉重的，就是有件事既難以出口、又不可原諒，我始終沒機會跟他交待。我沒能告訴他，我們兒子穆罕默德過世的事。

這些事我從沒和爸媽談過。因為我們被監聽了，所以總是只挑一些無關緊要、像是吃的或天氣之類的話題來聊，或者就乾脆不說話。他們的手機一樣是華為手機，也一樣被要求手機不離身。所以他們也跟我一樣，總是無時無刻活在恐懼之中，生怕只要說了什麼被公安視為可疑的話，就可能被發現。爸爸的工作是開巴士，更是一開車上街，一舉一動都會被錄影。因為街上到處都是攝影機，每個轉角、每個十字路口，以及每個廣場。也因為這樣，他現在很多事都乾脆不做了，像是禮拜五去清真寺這樣的事，過去他是一定會去的。當我問及不上清真寺一事時，他一陣驚慌失措的模樣，向我指著他的手機。這時我才瞭解，就連他也擔心，萬一他在清真寺祈禱的內容被國安單位監聽到，或者他前往清真寺被監視錄影機錄到，可能會惹上麻煩。

這一類監視錄影機安裝了敏銳的人臉辨識程式，連臉上的情緒表情都能夠解讀。它不只記錄個人行蹤、進了哪座建築物，連行人臉上的神情是憂慮或是放鬆都能辨識。如果臉部表情顯得憂慮，會被當局視為可疑。我後來才瞭解，新疆維吾爾居民的分類是依據點數系統建立的，只有滿點的人民，公安才不會找他麻煩。一些「微罪」像是去清真寺、祈禱、讀古蘭經、穿著傳統服飾、出國旅行，或是生育大量兒女，都是被扣分的項目。在當局眼中，這些都是可疑的行為，需要進一步調查。

比如說，我爸的服飾就給他帶來麻煩。他因為頂上無毛，所以總是喜歡戴維吾爾族的傳統彩色刺繡小帽。家裡有一整批這類小帽供他每天替換。但是當我搬回到爸媽家住後，這些小帽被禁了。不只是戴著不行，收藏也不行。

有一天家中有人敲門，開門後，一名漢人公安和一名維族公安站在門口。一開始，我以為跟以往一樣，應該是來找我的。但他們卻要求要見我爸。「他正在上班。」我如實說了。

「那位就是您父親嗎？」維族公安指著屋內他的照片問我，照片中的爸爸手握大型方向盤，頭戴彩色刺繡小帽。我心想，這照片應該是以前還沒禁小帽時拍的，所以我爸才會戴。他肯定有很多照片中都戴著小帽。這也沒什麼好隱瞞的。

「沒錯，那位就是他。」我答道。

兩名公安點頭道。「那我們就必須搜查你們家了。」

我嚇到一顆心差點從嘴巴跳出來。因為我知道他們想搜什麼。而且我也知道，他們會找到什麼。「好的，請你們儘量搜。」我不由自主地說出口，一方面腦子則一直在打轉，要怎樣讓他們不要接近爸爸的衣櫃。但我實在想不出什麼點子。

我只是像老僧入定一樣坐在那樣，任由他們在屋內搜索。他們先從樓梯間搜起，之後有條不紊地一間一間仔細搜。他們先在客廳找到一把樂器，這是我們村子在維族傳統節慶上演奏用的。爸爸不是多出色的樂手。但他有一把熱瓦普琴（Rawap），有點像魯特琴一樣的樂器、還有一把胡西塔爾琴（Kushtar），有點像小提琴、有弓的樂器，這是他爺爺留下來的。這類從前的家傳物件，對他而言就只是懷舊用的。

兩名公安將熱瓦普琴和庫西塔爾琴從牆上的鉤子扯下來，然後碰地一聲將之重摔在地。樂器的木頭都裂開了。這時正好爸爸到家，聞聲趕忙衝進客廳。「這是怎麼回事？」他喊著，驚嚇地看著兩把被砸爛的樂器。「這是怎麼回事？」那名維族公安模仿他的語氣。「這問題應該是我們來問你才對吧！」

這時爸爸才瞭解狀況。「那是家傳物件……」他結結巴巴地說。

「規定不允許擁有這類樂器！你早該跟局裡報備，並且上繳才對。」公安向他說明。「在我們的記錄裡面登記著，貴戶並未於社區中進行這類收藏行為。」

所謂的規定是，每家都應將傳統樂器和服飾上繳到中央彙整地點，之後就會進行銷毀。但爸爸當年不忍心這樣做。所以就把這些東西都留在家裡。只是沒有料到會有人進來搜查，這下他啞口無言了。

這同時，兩名公安繼續以不減的狂熱搜索下去。他們把所有的櫥櫃都打開，所有抽屜都抽出來，就連床底下也不放過，看我們有沒有藏東西在裡頭。果然被他們找到了！他們突襲搜查所搜出的東西，堆成了一座不矮的小山，裡頭有傳統上衣和小帽，這下全堆在客廳地上，旁邊則是被砸爛的兩把樂器。甚至有一本古董級的古蘭經，這是他們從爸爸衣櫥最上層搜出來的。

「你看看。」兩名公安指道。「在家中擁有古蘭經是非法的，我猜你大概也不知道有這規定吧？」

爸爸越來越沒話說。他們把所有樂器和衣物都沒收，這些東西對他都深具意義。他們還把爸爸帶進了警局，好好地審問了他。我們都深自擔心，因為我和姨媽都很怕他可能要為此入獄。如果他入獄了，那我們一家子就堪憂了，因為他是我們五個人中唯一有工作、有收入的人。我被當局禁止工作。姨媽則沒辦法上班，因為有腎臟問題，必須要接受洗腎。要是爸爸不能回來，那日後我們要怎麼支應開銷？

但幸虧他獲釋了。隔天一早，他在其中一位穿著黑色制服的漢族公安陪同下回到家中。他回來後，對於在那邊受到什麼待遇隻字未吐。我們也什麼都不問。只能這樣，不然只會惹來更多麻煩。所以我們閉口不談，裝作什麼事都沒發生一樣。

同來的那位漢族公安卻一副來了就不想走的樣子。他杵在我們家客廳，就這麼不走了。這下子，除了手機和街上的監視器在監視著我們外，還有個白天晚上都不走的公安在盯著我們。這個陌生人就這樣在我們家，肆無忌憚地對著我們拍攝我們的居家生活。不管是我在照顧孩子，或是我到廚房幫姨媽忙，他都會突然冒出來，然後對著我們攝影。

他的出現，讓我們家變了樣，我頓時覺得自己成了行屍走肉。那感覺就像在監獄裡一樣，成日都有攝影機對著你，這四面牆雖然是我自己的家，但卻有如監獄。而因為我還在居家監禁的期限，所以不得任意離開住家。不過，如果有類似要去市場採買，或是要帶孩子上醫院之類的事，那就要獲得特許。畢竟小朋友總是難免會這裡不舒服那裡不對勁的。如果離家申請獲得總部批准，那這位公安就會陪同我一起前往。他會在我身後幾步遠的地方，用攝影機跟拍。但我們始終不會對話。他只會透過手機，和總部即時交待進度，像是我現在在做什麼，或是即將做什麼。要是我和醫師要對話，他就會要求他也進去，並在一旁聆聽。

「沒問題，請進！」且末縣醫院小兒科醫師率然地回答，因為如影隨形跟著我的公安要求一起進到診間。「畢竟我們也沒什麼好隱瞞的！」醫師也清楚公安規定。

醫生檢查女兒的眼睛，因為她斜眼很嚴重，醫生建議我們動手術。「早期治療，就能夠矯正成功。」他這麼道。

我點點頭。「我很願意嘗試這個治療方式。」

我請醫師給我估價，因為我不知道自己能不能負擔得起手術費用。我家孩子不像中國公民，未享有醫療保險，無法像他們那樣獲得大部分的手術費用補助。我們維吾爾人只能跟其他外國人一樣，一切醫療費用都要自己掏腰包。所以之前，我已經欠了烏魯木齊那家醫院一大筆帳單：八萬五千元人民幣，相當於近一萬歐元，這是之前大兒子在那裡的治療費用。但這事真的荒謬到可笑：他們不只把我的長子害死了，還要求我要付錢。結果我現在背了一筆債務，卻完全不知道要如何償還，也害得現在每一筆孩子的治療費用都變得格外困難。

最後，醫師又為我兒子做檢查，因為他的頭部實在太大了。但醫師也無法解釋清楚。另外我也告訴他，孩子呼吸急促，還常常咳嗽。「或許是他的肺沒有發育完全，需要更多的氧氣之故。」醫師這麼說，一邊拿起聽診器聽他的呼吸。最後他診斷孩子是支氣管發育不全，並建議我每隔四天帶孩子上一次診所，讓他接受氧氣治療。這對他日後腦部發育很重要。

我驚訝地看著他。他的意思是，我這孩子要是不接受該治療，有可能成為弱智嗎？「這要多少錢？」我焦急地問他。

他說了價錢。我倒抽了一口氣。這下我更確定了，我們不只要把爸爸的車子賣了，連曼齊兒的金飾也留不住，不然就付不起這筆醫藥費。

「這種病致病的原因是什麼？醫生。」我出去時順便問了他。

他為難地說。「這情形在早產兒並不算少見。」他這麼說。

「但我這兩個孩子都是健康產下的！」

「是啊，但顯然在你們，嗯……分開那段期間，他們是人工餵養且插管……」他緊張地看了跟了我的公安一眼，後者又拿起相機對著我們。「那就可能……造成肺部發炎。」

「因為儀器的關係？」

「事情發生了，要追溯原因很難論定。」他不讓我再問下去，並把頭轉開，不讓那名公安再有機會拍到。「不論如何，我極力建議治療。」

在我離開時，他送了我這句話。返家路上，我抱著兩個孩子徒步走著，心中不斷盤算，要如何和爸爸籌到這筆天文數字，既要付清烏魯木齊那邊的醫療債務，又要負擔姨媽的醫療費，還有醫生建議艾蓮娜做的眼睛矯正手術，以及兒子氧氣治療費用。或許要去求助親戚，讓他們賣地，再把賣地的錢借給我們。

先不論這些額外的開銷，我們一家的財務狀況本就已經很窘迫。孩子的奶粉那麼貴，買不起時我只能買米粉泡水，讓他們填飽肚子。我當然也知道，這樣營養不夠。但爸爸就那麼一點點錢，我連孩子尿布都買不起了。我給孩子裹上棉布，這樣可以重複使用。這很費事，因為我要不斷地洗尿布，但實在也別無他法。

所以我又重新想要跟瑪穆德取得聯繫，希望能獲得他援助。我很確定，不管他對我有什麼看法，為了孩子他一定會扛起來。但監視我的公安就像是道魔咒一樣，讓我跟外界世界完全斷了往來。基本上在爸媽家這段期間，除了場景不同，然後狀況比較能忍受以外，幾乎就跟在牢裡沒有什麼兩樣。還好，在這段黑暗的時刻裡，即使一路上有許多險阻，莫亞茲和艾蓮娜兩個孩子卻能一路茁壯長大，看著他們的微笑，也就成了我唯一的慰藉。

二〇一七年四月，這一切突然改變了。雖然我小心翼翼謹守所有的規定，也都沒有違反，家裡卻突然闖進了四名公安，還帶著警犬。一聲巨響下，他們踹開了大門，當時我們一家都還在睡夢中。兩個不到兩歲的孩子就躺在我旁邊。公安突然出現在我床邊，一旁警犬還大聲吠叫，讓兩個孩子都受到極大驚嚇，立刻張口大哭。四名公安說要將我逮捕。這時爸爸也衝進我的臥房，就在他和孩子驚恐的眼神之下，我被戴上了手銬。「跟我們走。」他們道。

我一頭霧水。「但……是為了什麼？」我結巴了。

「不要問東問西。」一名公安對著我吼。「到警局再說。」

我原本心裡準備，他們會把我嘴巴塞住，並給我罩上頭罩。但這次他們卻沒有這麼做。但鄰居全都聽到了——沒聽到才奇怪。他們也都知道事情接下去會怎麼發展。

他們將我載到且末縣警局總部，這是一棟灰色的大型行政機關。院子裡已經有許多維吾爾人被上了手銬聚在一起，公安正在帶他們往裡走。這就是第二波清除行動，目的是要拘禁所有之前已被當局鎖定的「可疑人士」。據說，每一個「案子」都要重啟調查。

公安很粗魯地解開我的手銬，然後把我拖進一間位於地下室的審訊室裡，跟烏魯木齊那邊一樣沒有窗子。房裡照著明亮的白光，四面牆上掛著各式各樣嚇人的器具。全是刑具。我立刻明白過來，這些都是用來對付我和其他犯人，讓我們感到害怕用的。要是這樣我還不明白其功能，接下來讓我體驗到的，就夠讓我深感恐懼了。

公安將我綁到所謂的老虎凳上。這是一種很窄的凳子，上頭的犯人兩腳平伸。所以我的腳只能伸直，與椅面平行，而雙手則被綁在背後，這導致我的上背也只能挺直。這是非常不舒服、不自然的姿勢。一開始這樣還沒什麼。但過一小段時間後，四肢和被過度伸展的關節就開始非常痛苦。

公安讓我保持這個姿勢接受訊問。這次負責審訊的是兩位維族公安和一位穿著綠色制服的漢族公安，他們圍著一個半圓，面對我站著。漢族公安是主導審訊的人，還帶著一疊文件：這是過去多年下來他們所有對我的錄影和記錄，全都在他的掌握之中。總之他對我的種種作為可以說是瞭如指掌。但即使這樣，他還是不斷重複問著相同的問題，都是些簡單的問題：「你在哪出生？你幾歲？你在哪裡上學？你是穆斯林嗎？為什麼出國留學？」

一開始我多少還能夠專心應對。但慢慢的，不斷反覆的問題和極度不舒服的姿勢讓我崩潰了。我實在累了，開始在椅子上撐不住，一直往下滑。這害我被賞了一記耳光，所以公安就把我綁得更緊，讓我完全沒辦法動來動去。然後他們還在我腳底塞進一塊木板，讓我腳沒辦法往前再伸直。這痛到難以忍受。

這同時審訊繼續進行。耀眼的日光燈直射我眼睛，我只能像機器人一樣地回答著他們的問題。一遍又一遍地回答著相同的答案。但審訊越久，我就越來越累，頭腦也越來越不清楚。這時我的身子已經失去知覺了。慢慢的，我感覺不到自己的手和腳。最後更因為太累，睡著好幾次。但每次我都因為後腦杓被人重拍而驚醒。

「不准睡覺。」公安對我大吼。但這時講話的公安，已經不是一開始時的那群了。換了另一群人，穿著同樣的制服，也問著同樣的問題。這次還帶著警犬，非常威嚇人地吠叫著。這讓我更為混亂，連帶的我的回答也變得很混亂，有些問題雖然已經回答過上千次了，我卻開始搞不清楚。一出現這種狀況，那些公安就吐我口水，賞我巴掌。我的右耳再也聽不到了。「你看看，這下你前後矛盾，你這是在耍我們嗎？」公安罵道。「你最好老老實實招來！」

我又睡著了，這次他們拿了一桶水倒在我臉上。我渴得把那些水舔掉，因為已經好幾個鐘頭滴水未進。結果這一來又讓我招了一記耳光，打得我眼冒金星，左耳完全聽不到。我注意到，這時房裡多了其他犯人同在，他們也一樣遭到刑求。我又一次失去知覺。我的身體渴望休息，但他們卻一刻也不饒過我，只要我眼睛一閉上，就對我動粗。「阿拉，讓我死了吧！」我在心裡暗自乞求，不敢說出口。

後來，公安命令我把嘴巴打開，漢族公安把一丸藥錠塞進我嘴裡。我害怕極了。是什麼東西？他們是要毒死我嗎？我掙扎著想把藥錠吐出來。但漢人公安用很熟練的手勢托起我的下巴，另一名公安隨即把一杯水灌入我口中。這讓我反射性地吞下了水，連帶也把藥錠吞了下去。

我馬上感覺到藥錠的作用：這藥會讓我整個人安靜下來，突然間不再恐慌。就算公安把煙灰彈在我臉上，我也不感覺受到威脅。連他們的狗吠我，我都無所謂。能對我怎樣？他們觀察我的反應，又再開了另一盞檯燈，正對我的眼睛，接著又開始審訊。

「你有跟國外聯絡嗎？你是穆斯林嗎？你是恐怖份子嗎？你禱告嗎？」他們問道。然後又問到更具體的事：「你離開烏魯木齊監獄以後，搬到爸媽家中有沒有禱告？快招！」

「是的，我是穆斯林，我也禱告。」我答道，因為剛服下藥錠的影響，讓我不覺得有必要隱瞞自己的宗教。反正他們對我的一切也瞭若指掌。而且，沒錯，我的確在家裡祈禱，求神保佑健康出問題的孩子們。這沒什麼好否認的。我反倒覺得，這麼一坦承，讓我頓時不知為什麼感覺比他們高了一等。最少，在藥錠作用期間是這樣。「我的神比你們都厲害。」我不假思索地說出口。

這一來可把他們氣壞了。「啊，是嗎？」漢族公安忿怒地大叫。那我們倒要看看！你叫你的神來幫你，要是祂真這麼厲害的話……」

另一位大笑。

「阿拉！讓我死了吧。」我大聲地說出一直以來心裡想說的話。我會成為這酷刑室裡的殉道者，在進行了一天的審訊後，我再也忍受不住了。「求你，殺了我！」

我真的衷心期待神會介入，至少把我的神智奪去。但卻什麼都沒發生，只是讓那名漢族公安變得更生氣而已。「你的宗教是共產黨，你的神是習近平。」他對著我大吼。「你難道到現在還沒搞懂嗎？都給你上了那麼多的課了。」他指的可能是過去在獄中的事。「跟著我說：我的宗教是共產黨，我的神是習近平。」

這句口號我在烏魯木齊監獄的洗腦教育中聽過，對之深惡痛絕。我恨所有的漢人。我用力的搖起頭。「神會懲罰你！祂會懲罰你們所有人！」我對這那些男人大吼。

漢族公安氣到咬牙切齒。他對維族同事下命，他們就在我頭上套了一頂安全帽之類的東西，帽緣一側有纜線，他們按遙控器時，就會通電。然後他們又在我手上腳上也綁上電極。我心裡納悶著，不知接下來會怎樣。

「現在，我們就來看看，誰要懲罰誰！我們要懲罰你，可不是你懲罰我們。」他陰沉地說。

他講完沒多久，我就從頭到腳被重擊了一下。從上到下，一陣極度的痛楚流過，讓我一時之間無法呼吸。幾名公安看著我全身痙攣。然後又再給我一記電擊，而且比剛剛還稍微強一點，我全身像被揮了一鞭一樣。我因為疼痛而呻吟。「殺了我！阿拉，殺了我！」我哀號著。但這只是更激怒他們，給我越來越強的電擊。

「我的宗教是共產黨，我的神是習近平。跟著念！」漢族公安不斷地命令我。在受了這麼多虐待後，我完全無力回答。但我還是痛苦地含糊說了幾個字。「這樣不夠清楚！」他罵我，又給我一記電擊。我怎麼做他都不滿意。三名公安不斷用電擊折磨我，直到我昏了過去為止。

醒過來時，我旁邊蹲著一個穿醫師服的人在探我的脈搏。我發現自己人在光線明亮的醫務室裡。「她醒了。」他對眾公安說，他們都站在一旁。

我躺平在床上，但雙手還上著銬。在旁邊不遠處，我看到另一名婦女，身上有著跟我一樣的鞭痕，所以我猜，她應該跟我一樣，也被綁在老虎凳上過。房裡還有更多身穿制服的男女公安也在。

一名護理師幫我脫掉衣服，好讓醫師幫我檢查。他檢查我身上的鞭痕，輕敲我的各部器官，給我抽血，檢查我的喉嚨，要我對著聽診器呼吸。我已經全身無力了，也沒有意志力，只能任由他擺布。

但隨後醫師命令我，要我打開雙腳。我遲疑了一下。這時兩名公安靠近我，粗暴地將我雙腳拉開。他們把我雙腳固定在床腳，讓醫師從下方檢查我的私處。他檢查時，使用一個類似鉗子的東西。突然間我感到一陣恐慌莫明升起，一時之間所有的虛弱都忘了。我用力地拍打著。但卻一點也不能動，因為公安把我雙手雙腳都綁住了，現在還按住我的腹部。

那名醫師用某個金屬器具張開我的陰道，不留情地將我陰蒂撐開。我尖叫起來。接著我感到一陣刺痛穿過全身。我不知道醫師在下面做了什麼，但是他似乎撕掉還是割掉什麼東西，而且是在沒有麻醉的情況下：非常的疼痛。

接著公安幫我鬆綁：「站起來。」他們命令我。

但我一開始沒辦法照做。實在是太痛了，我一起身雙腳立刻一軟。這時我發現，我的腹部在流血，但醫師和護士卻都完全不幫我處理。

公安從兩邊撐我起來，因為我沒辦法靠自己起來。他們把我的褲子和汗衫還我，幫我穿上。一等我穿好，他們就已經重新給我戴上了黑色頭罩。接著他們就把我和三名犯人帶上一輛早在院子裡等候的車子。

車子沒開多遠。雖然我看不到被載到哪去，但我知道，新的集中營就在離爸媽住處四公里遠的地方。他們顯然也知道我到過那座集中營，或者他們事後發現了。總之他們直截了當告訴我，他們偶爾會帶食物去那裡。

這座新的集中營是一棟大型建築，住在且末的居民對這裡是避之唯恐不及，因為不想有天自己也被捉進來。這建築從外面幾乎什麼也看不到，因為整個建築被一座很高的外牆以及鐵絲拒馬圍繞。在這後面藏著一座高大多層的L形建築，其高聳的入口、監獄的指揮總部以及中央監視系統，就位於整個L形的轉彎處，而所有關犯人的牢房，則是沿著L形兩側分布。這裡沒有中庭。

我們三個新來的犯人被帶到一間牆上有面大鏡子的房中，裡頭已經有其他犯人先到了。這時他們才把我們的頭套拿掉，同時還要求我們脫掉身上衣物，男男女女都要。等我們都脫光後，則被命令站到鏡子前面，四肢伸直。

我看著自己和其他被虐待的犯人，他們也跟我一樣有著維吾爾人的五官輪廓。我完全認不出自己來。鏡中人真的是我嗎？那個臉被打腫、腹部還一直在流血的女人。我還保有一絲人形嗎？我犯了什麼錯，要被整成這樣？剛剛那名醫師究竟對我做了什麼？

就在我努力不癱倒的時候，公安來給我們測量：雙臂、雙腳的長度、乳房的大小，還有身體各部位尺寸。其他犯人也正在接受同樣的測量。接著我們被命令往前屈身。這時我忽然覺得有人從後面粗魯地抓住我的辮子，一把就把它剪掉。辮子掉到地上。接著頸後感到有把剃刀刮著。慢慢的，我看到自己的黑髮紛紛從頭頂滑落到地上。

「站直。」一名公安大吼。我一站起身子，馬上看到鏡中的自己，完全變成我不認識的人了。這不再是我米日古麗．圖爾蓀，而是一名被剃光頭的無名女性犯人。

這之後，公安發放給每個犯人一套制服。這跟我在上一個集中營穿的那套藍色布料制服一樣。這粗布質料，有一種洗衣化學劑的氣味，一直磨我的皮膚。我依然記得這布料，真不敢相信，我竟然會二度穿上它。制服上標記了我的號碼，十七號。一等我穿好制服，他們就再次給我戴上手銬和腳鐐。戴手銬我是很稀鬆平常了，但腳鐐卻是第一次，這對我而言很不舒服，因為這大大限制了移動的自由程度。我只能以小碎步走路。警衛隨後又給我戴上頭套。

公安領我到牢房。我每走一步，腳鐐就撞擊我的腳踝。我的心往下沉，在這牢房裡我會落得什麼模樣？他們又要把我關到黑漆漆的地牢嗎？一想到那被隔離孤立的感覺，我就恐慌起來。我知道：要是再去那邊，我一定會瘋掉。所以看到又往上爬了一層，我心中一寬。

警衛帶領我們出了中央區域，沿著長長的走道一路下去，左右都是牢房。最後他停下腳步，將我的頭套拿下：才發現我們來到二一〇號房前。他把門鎖解開，推我進去。

那房裡瀰漫著惡臭，讓人非常不舒服，我永遠也忘不了。裡頭擠滿了女犯人，可能已經好幾個月都沒洗澡了。

「你好好聞喔！」一名皮膚很白的女性對我說，她的短髮沒有整理，臉上有雀斑。她把鼻子湊到我手臂上，像聞著花朵一樣嗅著。當時我已經被審訊和虐待了三天。但比起其他人來，顯然還是好聞許多。「等哪天大家出去了，我們全又能夠一樣好聞了。」她這麼說。「不用太久了！」這時我看到某些獄友正在偷偷地翻白眼。

「艾古兒瘋瘋癲癲的，但皮膚很美。」一名有著高顴骨、挺鼻樑、眼睛如少女般大又圓的女性低聲說，日後我才知道她叫狄兒娜茲。這麼年輕的女孩怎麼會進到這裡來呢，我心中納悶。

「裡頭安靜！」她們兩人都遭到擴音器警告。所有女性頓時安靜下來。

且末這邊的牢房，很多方面都和我在烏魯木齊待過的那個相近。這邊也一樣是由警衛從監視器一天二十四小時監視，也一樣會下命令、監督我們學習紅書的進度，並在我們說錯什麼時訓斥我們。監視器也同樣是裝在房間的四個角落，所以不管在房裡哪個位置，都逃不過監視器的監視。

但這個集中營的牢房條件，比起上一個來可要糟糕多了。首先，在四十平方公尺大的牢房裡，擠進了四十名女性。大家分到的位置都很小。就算是站著，都很難不碰到旁邊的人。那情形就像是所有人共同搭著一輛臭氣沖天、超載的巴士旅行一樣，巴士從不停靠，反而不斷有新乘客上車。四十個獄友可不是最後的數字。始終都有新犯人被帶進來，最後這個牢房的人數成長為六十二人。我知道，對於沒有真正經歷過的人而言，這完全無法想像。但真的就是這樣。而我真心希望，不會有人被送來受這個苦。

牢房越來越擠。有些獄友無法承受這樣的壓力，所以三不五時就會有人倒下，然後就被公安抬出去。有些會再回來，有些則再也不回來了。我待在那裡那兩個月裡，我們這間房死了十二個人。這也沒什麼好驚訝的，畢竟我們不只營養不良，還要不斷承受著睡眠剝奪的折磨。

因為牢房過擠，我們只能輪流躺下睡覺。我們分成兩班：第一班睡晚上十點到凌晨一點半，這些人可以在地板躺平好好睡。到了午夜後，就換成之前站著的另一班，可以躺在讓人羨慕不已的地板上，多少睡一下。

至於每日白天的行程，則是非常嚴格的照表操課。早上五點就被擴音器大聲吵醒，以唱歌迎接新的一天。「社會主義好、社會主義國家人民地位高。社會主義江山人民保。」我們唱道。「共產黨是人民的好領導，要把偉大祖國建設好。」

接著，每日行程中，第一件固定的事就是上廁所。這總共要花上一個半小時，因為我們人實在太多了。這第二個集中營跟上一個一樣，都是就著地上一個洞方便。我們要排成一列，一個接著一個，在眾人眼前，包括監視器之下方便。有些人在一整晚後難免會特別急。我也是一樣特別急，因為在生產後，我不是那麼能忍，這在上一次監禁期間就已經很難受了。現在這問題更加嚴重，因為這裡規定一天只能去三次，不會因為我的請求而獲得特許。

「想大就大在褲子裡！」剛開始我在晚上請示時，擴音器裡是這麼回答我的。

因此每天早上，要是沒立刻就去那個洞解放，我就覺得自己快要爆炸了。一名半長黑髮、黑皮膚、矮壯的女獄友注意到我的緊急狀態。她站到人龍最前面，再把她的位置給我。其他人紛紛低聲抱怨，表示自己可都沒受過特別待遇。那名黑皮膚女士不當一回事。我充滿感謝地看了她一眼，她若有似無地笑了笑。

但等我站上了那個洞，才發現戴著手銬想要脫褲子，那真是難如登天。我花了九牛二虎之力才好不容易脫下了褲子。其他後面等的人，早就忍不住催我了。原來是，我們這房裡不是人人都有上銬。這多出來的刁難，只針對十多位犯人。其他人因此對我們的難處一點也無法理解。

這時我想蹲下。但是因為雙腳也被銬住，所以根本無法張開雙腳跨蹲在洞上。我別無選擇，只能站在洞口前方，把臀部儘量往後伸，還要注意不要因此失去平衡。我差點就碰到洞口，沾到了上面的糞便。然後馬上就被其他獄友推開。

「喂，這裡可不能讓你蹲一整天啊。」隊伍中第一順位的人噓我。我瞭解大家都很緊張，因為擔心要是時間拖太久，會輪不到她們。但我連褲子都還沒來得及拉上。我只好大費周章地用上了銬的雙手，想拉上褲子。但是怎麼試就是拉不上，覺得難堪極了。這時我感覺到，好像有人從後方摸著我的腿，非常好心地幫我把褲子拉高。原來又是那位剛剛讓位給我的黑皮膚獄友幫的忙。

「謝謝你。」我害怕地低聲道。她點點頭。

「請問你叫什麼？」我問。

「努兒。」

「我是米日古麗。」

「安靜，十七號和二十三號！」擴音機的聲音打斷了我們，我們立刻不再作聲。結束如廁時間後，又有新命令：「整理床鋪！」這只是動作代號。聽到時每個犯人要站定位，拿起昨晚睡的床單，將床單對摺五次，最後要讓床單平整、光滑，成為一個長方形。

但這個操作，對於上銬的我而言卻是幾乎無法完成，但我還是盡力整理床單。只是，就算我把牙齒都用上了，也還是無法摺出平整完美的形狀。我的長方形有點變形，邊緣有點皺褶。這麼短的時間我實在辦不到，但我只能依命令將之送到門口。

這時牢房門口出現了一組十人的營隊高階官員代表團。我們像軍隊一樣迎接他們，高聲唱著讚揚中國勞工鬥爭和共產黨光榮勝利的歌曲，這首歌是我在前一個集中營裡就唱過的。「沒有共產黨，就沒有新中國。共產黨辛勞為民族，共產黨他一心救中國。」我們一邊唱一邊雙手抱拳，以表達歌曲內容，並激昂地把手舉到空中。「共產黨他一心救中國，他給了人民解放的道路。他領導中國走向光明。他改善了人民生活。」

這個代表團一一檢視我們擺在門口的床單。我看到他們看得那麼仔細，心裡真是七上八下。「這個摺得真隨便。」我聽到其中一人這麼說。「是誰摺的？」

喔，糟了！他單獨挑中我的床單，非常不滿意地皺著鼻子說。

「十七號。」擴音機廣播著。

「十七號，出列！」那名公安吼道。

我顫抖著雙腳出列。穿著制服的公安看著我和雙腳。接著他用床單當成鞭子，朝著我的臉猛抽。我動也不動地站著由他抽打。「你怎麼敢把這種爛東西交出來？」他大聲地斥責我。

我默不作聲地看著地上。「罰你摺床單一百遍。」獄卒命令我。

其他獄友這時排成一列，因為獄卒正端著飯桶送來早餐稀粥。每名犯人都要先念一段口號，才能盛到一碗稀粥：「*Harkuni agtiganda tamakyiyishten burdun damimiz*……」這句話意思是：「慷慨付出、不畏生死、勇敢認錯、絕不違法：才能不死於卑賤。」

我靠著聽別人念，很快就把口號背熟了。但輪到我背完口號後，警衛卻不給我稀粥。「你沒有早餐吃！你要先學會摺床單。」他們道。

到了中午，又是同一套把戲。所有人都分到一小塊饅頭，但就是沒有我的份，因為我整個早上摺床單都沒有進步。真的覺得很丟臉。這時努兒站在我後面，我可以感到她同情的眼神在看著我。「你很快就能學會的。」她低聲道。雖然只是短短幾個字，很快地低聲說，但卻帶給我無盡的安慰，因為在這地獄裡，竟然有人肯跟我說話，給我撫慰。

努兒成了我的好友。我們不斷用眼神交流，因為只有這個方式，才不會被監視器後面的警衛約束。我們用眼神無聲地對發生的事表示看法，而且建立了一個其他人都無法察覺的連結。那是一種祕密、不用說話的友情，也只有在這種特殊情況下才會產生。

我們經常找機會到對方身邊。早上她會幫我穿脫褲子。在站到牢房門口排隊，準備接獄卒分配微薄的饅頭和稀粥時，她常會排在我前面或後面。在行進踏步隊形，或是軍隊式操練時，我們會找離對方不要太遠的位置。晚上努兒總是會為我保留一個位置，好讓我的背可以從前面或後面靠著她的身體。我不知道其他獄友或獄卒有沒有注意到我們互相照顧的情形，但我們就是靠著這樣的互相照顧，證明彼此心裡面僅存的一點人性光芒。

在這個集中營裡，紅書一樣有著重要的地位，我們大部分的時間都在研讀它。

該書一律擺放在牢房裡，靠著一面牆整齊地堆放著。每天下午時間一到，擴音機就會命令我們排成一列，兩人或三人同看一本紅書。在研讀和背誦方面，努兒需要我幫忙，因為小時在鄉下，她只有受過一點點教育。所以她幾乎無法閱讀漢字。

「何為萬惡之源？」我稍微大聲點念給她聽，「分離主義、恐怖主義、極端主義。」

她輕聲地跟著念著這些字。「分離主義、恐怖主義和嗯……」她臉上浮現問號看著我。

「……極端主義。」

她難過地點點頭。「公安認為我是極端主義者。」她輕聲說。

「我知道。」我答。「他們認為我們全都是。」

我們只能簡單交換幾個字。但一點一點，我拼湊出努兒的生平。她是鄉下姑娘，很年輕就出嫁，從來沒有出過我們這個省。二十五歲上下時，她已經有了三個孩子，當時分別是兩歲、四歲和六歲。她已經被關了一年多，這可以從她長到肩膀的頭髮看出來。她被關這麼久讓我很不解，因為她並沒有當局會特別「感興趣」的地方。畢竟，她不可能像我一樣，和國外伊斯蘭人士有所聯繫。

但努兒有另一個問題：她的整個家族都在牢裡。在她哥哥遠離家鄉前往阿富汗後，整個家族成員全都被抓了。她弟弟被判了十年刑期，她先生則判了十六年，她爸爸和媽媽一樣也入監。但努兒萬萬沒料到，公安連她也不放過。畢竟，她在她們村裡過著非常不起眼的生活。

當兩名公安出現在她家，並要求她一同前往警局時，她正拿甜菜根餵她家三頭羊。兩名公安跟她保證審訊不會太久。所以努兒把孩子往自家菜園一放，穿著農婦的衣服，就跟他們走了。但她從此再也沒能再見到孩子和菜園。「我至今還是不知道，他們變成怎樣了。」一晚我們一起擠在地上躺著，剛好她的嘴巴對著我的耳朵時，她跟我坦承。夜間我們有時可以多說幾句。「你能想像，我對他們感到多歉疚嗎？」

「這不是你的錯。」

「是啊，但我對他們有責任……」她輕輕地啜泣。我開始擔心，我們會惹上麻煩。我很想安慰她，但我能說什麼呢？

「我會比你早點出去，我去找他們。」

「你保證？」

「我以阿拉保證。」我向她發誓，她鬆了一口氣。但其實我也不知道，我該怎麼實現承諾。老實說我必須坦承，我始終沒有實現這個承諾。一直到現在，我都還深感愧疚。

一同背誦紅書的人除了努兒和我以外，往往還有其他「女同學」。有綠色眼眸、滿臉雀斑的艾古兒，就是我剛到第一天說我很好聞的女生，另外還有那個說她是「瘋瘋的」、亂講話的狄兒娜茲。她們兩個常會和我們坐在一起，聽著我念課文、低聲解釋課文內容。我們就湊成一個讀書小組，我成了她們的小老師，也是翻譯。

偶爾我們也會讀到比較切身的課文。「你在監獄的感想如何？監獄哪裡讓你覺得不好受？」我記得裡面有這樣一首詩：「一開始你是好男孩、好女孩，你的爸媽為你吃苦賣命。國家資助你的將來。我的爸媽認為，你會成為強壯的人，就像馬一樣強壯。你的國家希望你愛國，但你有把這件事放在心上嗎？好好想想，你要怎麼回報祖國！」這首詩的第二段尤其讓人心痛，這裡訴諸我們對家庭的責任與良知：「你的爸媽希望你回家，為你敞開家門。」詩這麼寫著。「他們希望你快快回家來，將你擁入懷中。我希望，他們都能如你想的那樣無恙！親愛的朋友，你變成怎樣了？你要爸媽有一個犯法的孩子嗎？你不希望給爸媽一個清白的孩子嗎？」

我在背這段課文時常常想到爸媽。它讓我忍不住聯想到自己，也開始擔心：我真的拖累了爸媽。當初為什麼非到國外留學不可？共產黨都已經在中國提供那麼好的教育了！我為什麼還不滿足呢？當我原地踏步、背誦這課文到第一百遍時，我真的把這課文說的事信以為真了。是啊，共產黨真的是只想讓我擁有最好的未來，我心裡想。但我卻拒絕了它的恩賜，真是忘恩負義。所以我會有今天都是怪我自己。我開始有這種感覺。這樣每天不斷的洗腦生效了。

艾古兒對一再覆誦課文感到特別辛苦，尤其是當她被要求單獨背誦時。因為她完全不懂漢語發音。所以她一開始背，總是會咬到舌頭。有時候句子從她嘴裡念出來變得很荒謬，惹得所有人哄堂大笑，完全忘了自己身處恐怖的集中營。這正是艾古兒獨特的地方，她為牢房帶來好心情，甚至讓大家更有希望。她不像其他獄友老是垂頭喪氣，相反的，她總是頭抬得高高的，什麼事都嚇不倒她，儘管老是麻煩不斷。

艾古兒真的不同於常人。她充滿活力、在最糟的情況下總能神來一筆，講出很酷的話。獄卒從來都猜不透她究竟是害怕還是痛苦。有一次，她沒辦法背出紅書的正確內容，被獄卒當著我們面前痛毆。但她不僅沒有露出懼色，之後也只是淡淡地說：「這個渾蛋只是報應還沒到。我這話絕對會應驗，女孩們！我們的老公很快就要來接我們出去了。到時這些渾蛋就要求我們手下留情了。」至於這些話會被獄卒透過監視器聽到，她一點也不在意。有些獄友因此認為她一定是精神失常。但我認為，這其實是艾古兒用來克服這環境的智慧。她大可以躲在一角默默啜泣，但她卻不將難過掛在臉上。就連獨處，也從來沒有一次見她示弱或是顯得脆弱過。

艾古兒一直被當局針對，因為她的父親和兄弟都住在國外。我猜想，也是因為這樣，讓她覺得總有一天他們會來救她。但她先生發生什麼事了，我則始終不曉得。艾古兒沒提到太多關於他的事。她也很少提到兩個孩子的事。我猜想，應該是即使她是這樣一位鬥士，但想到這些事還是太過沉重。對於身為母親的人，再沒有比和自己的孩子分離更痛徹心扉的事了。

狄兒娜茲是我們這群人裡唯一還沒結婚，也沒有孩子在家裡的人。她還只是且末高中一年級的學生，因為和國外人士在網上聊天而被捕。狄兒娜茲之所以會有這樣的聯繫，是因為她夢想著出國旅遊。她常問我搭飛機是什麼樣子，完全無法想像那麼大的人要怎麼擠得進那麼小的飛機。「飛機可比我們牢房大多了。」我告訴她。「怎麼會載不了那麼多人？」她聽後眼睛睜得好大。才不到十七歲的她，還很天真無邪，外表也很年輕。但也因為這樣，讓她成為監獄高層垂涎的對象。

一天晚上，狄兒娜茲被那些穿制服的人強暴了。隔天一早公安推她回房時，她哭的很厲害。她的陰道流血了。我猜她在被關進來時，應該還是處女。那些人對她做了什麼事，她沒有說，但她的傷卻訴說了一切。她手臂上的抓痕，是她竭力反抗的證據。看到這樣真的讓我心痛。我實在不知道要對她說什麼。這實在太恐怖了，我想不出什麼可以激勵她的話。

艾古兒一如往常，總要說上兩句。「等著看，這些渾蛋總有一天會遭到報應。」她跟狄兒娜茲保證。狄兒娜茲因此破涕為笑，但那笑容稍縱即逝，被臉上的陰影掩去。她臉上陰影再沒離開過。她的天真無邪消失了，再沒問過我搭飛機旅行的事。

這樣的事情不只發生過一次。一個禮拜後，他們又把狄兒娜茲抓走。隔天早上她同樣哭著回來，而且還被打得全身是傷。她身上的傷比上一次還嚴重。「那群豬玀，把你傷成這樣。」艾古兒大聲地對著監視器道。但很快地，這就為她惹來了麻煩。

有天傍晚，那群獄卒不只把狄兒娜茲抓走，也抓了艾古兒，因為她不僅有白細的膚色，還有迷人的外表。「我們要給你個教訓，看你以後還敢不敢用那張大嘴巴亂罵。」他們說

這一晚，努兒和我眼睛眨都不敢眨一下。我們都為這兩位獄友擔心。我們大氣不敢吭一聲地靠在一起，仔細聽著外面動靜。我尤其擔心狄兒娜茲，因為她還那麼小，而且因為她之前已經被獄卒嚴重性侵過一次。

「但願他們快點玩膩。」努兒低聲道。

「但願如此。」我難過地表示贊同。但我其實知道，應該不可能。這些獄卒其實

有其偏好：他們固定選中特定的女孩過夜。往往他們挑的都是最年輕、最漂亮的。但一般而言，集中營裡的女犯人很少有人能不遭到他們染指。

努兒和我算是幸運，至今始終倖免於難。後來我才知道，我之所以逃過一劫，是因為我的檔案中提及我有性病。這件事要感謝我在且末警局工作的叔叔。但當時我對此事一無所知，所以跟其他女獄友一樣，每天生活得提心吊膽。

努兒則猜測，那些獄卒對她沒有興趣，因為她有好幾個月不斷在流血。這件事獄卒也知情，因為她的褲子上都滲著血，而且到後來沾血的部位乾了後，都變黑還硬掉。獄卒們看得很掃興，所以就一直沒在性方面染指她。真是謝天謝地。

我推測努兒的流血是集中營藥物造成的。這邊獄卒每周會選一天，在晚飯時配一錠白色藥丸給每個人。這時會由一名獄卒強迫掰開我們的嘴，並把藥丸塞進口中。另一名警衛則會緊接著朝我們口裡灌進一杯水。第一位獄卒緊接著則會把手指塞入我們口中，以確定藥丸沒有被藏在牙齒後方或舌下。過程非常不舒服，但他們就是要確定讓我們服下藥物。

這些藥丸究竟是為什麼目的，又會產生什麼作用，他們都沒有交待。但謠言指說，吞藥丸的目的是要讓我們不孕。這話在獄友之間口耳相傳。但我們都感覺，這藥的確對我們的經期造成影響。多數的獄友包括我在內，藥丸的效用剛好跟努兒的相反：我們的月經在第一次服下藥丸後，就突然停了。

第二天一早，大家都等著兩位獄友歸來。前兩次狄兒娜茲被強暴時，她在早上大家上廁所的時候就被帶回來了。因此努兒和我發現兩人到早上檢查床單時都還沒回來時，就有點擔心。「怎麼會這麼久呢？」努兒低聲問我。

我用眼神告訴她，我也沒有頭緒。之後我們就忙著自己的事。獄方命令要我們繞著牢房跑步。我和其他上了腳鐐的獄友跑起步來特別痛，因為我們腳鐐隨著每一次移動，都會刮我們的皮膚，而這邊的皮膚又本來就都有傷。我咬著牙齒在跨出每一步。但沒有腳鐐的人能輕快地移動；因為房裡實在人滿為患，我們一下就被絆倒了。我也一樣常常跌倒在地，而且要趕快爬起來，以免因為擋到別人，而被別人踩過去。

等到跌跌撞撞的跑步終於結束了以後，牢房的門開了，艾古兒被推了進來。她一進來就跪倒在地，開始大罵。「這些該死的雜種……」我聽到她的吼叫，差點就笑了出來。這位女士昨晚肯定遇到很糟的事，但這可沒有讓她屈服，我這麼想。但另一位獄友人呢？「狄兒娜茲人呢？」我輕聲問她。

「狄兒娜茲死了。這些狗雜種把她害死了。」艾古兒的回答聲音大到讓人害怕。我無法置信地看著她。她綠色的眼睛像是波濤洶湧的大海一樣，淚水不停地翻湧著。這時，我才明白她說的是真的：我們的獄友沒能熬過這個晚上。

「閉嘴，臭婊子！」擴音器響了起來，「不然就讓你嚐嚐滋味……」這威脅完全不掩飾。但艾古兒可不吃威脅這一套。

「那些渾蛋把她害死了，沒錯。」她又說了一遍。「狄兒娜茲不用再受苦了……」其他獄友一片沉默。只是張著眼睛看著艾古兒，然後咬住自己的拳頭。在這裡，如果我們想大叫或是大聲哭時，就會咬住自己的拳頭。我們把拳頭往嘴裡塞，好讓聲音出不來。

努兒現在血流得越來越嚴重了。我不知道她出了什麼事。後來實在流得太嚴重，她的臉變得完全沒有血色。看起來就像幽靈一樣，需要趕緊送醫急救。所以當獄卒來送飯時，她求了他們好多次，讓她看醫生。但我的請求都無人理會。警衛完全置之不理。

但有一天，就在我們在這地獄待了將近兩個月後，他們忽然命令她跟他們出去。她被上了手銬、戴上頭罩後，就被帶走了。我真的不忍心看她離開，因為她就像我的親妹妹一樣，而且也不知道他們會怎麼對她。是終於要給她治療嗎？還是要審訊她？她們要拿她怎樣？在這邊這段時日，我已經知道，這邊什麼壞事都會發生。可能是性侵，也可能是精神上或是肉體上的虐待。他們對我們完全為所欲為，毫不留情。

我在擔心受怕中等待著努兒歸來。女犯人接受審訊，通常會去一天。或者要是那些穿制服的人心懷不軌的話，那就是一個晚上。努兒始終沒回來。到現在為止她已經消失兩天了。我於是開始希望她是獲得釋放，還是被送到另一座集中營去了？可能是前者。畢竟她也不是什麼危險份子。或許公安在虐待她一年，也觀察了一年後，終於搞明白了。我非常希望我這個好朋友能夠回到自己村裡，再次和她的孩子見面。她一直在擔心這三個孩子：「你能想像嗎？我竟然會聽信他們的話，以為審訊不會太久，所以就把他們丟在菜園裡。」這話她跟我一次又一次講了好多遍。

是啊，在牢裡渡過兩個沒有努兒的晚上後，我開始在想：或許她現在已經和孩子團圓了，或許她已經從這個地獄活著出去了。我應該為再也見不到這個朋友感到高興和滿足。

就當我正要開始安於這個想法時，他們把努兒帶回來了。兩名制服公安打開了牢門，把她往地板上一摔。她的狀況很不好：臉上都是傷，藍色囚服上面到處都是血漬，有些地方乾掉了，有些則還是剛流的。她的頭髮上也沾著血塊。她明顯是受到最嚴重的拷打。警衛顯然是覺得這樣可以讓她招供，把在阿富汗的哥哥的訊息供出來。

努兒就這麼躺在牢房地板上沒起來，因為她完全沒辦法靠自己的力氣站起來。她非常虛弱。而且我們還被命令，不可以去幫她，也不能和她說話。我永遠也忘不了她當時在那裡看著我的眼神。她眼裡滿是淚水，但我卻不能為她做點什麼。我只能這樣默默地看著她，看得我心都碎了。

但過了一段時間後，我們終究還是幫她了，至少讓她坐起來。這時擴音器中傳來指令，交待我們接下來該做什麼。努兒也盡力要跟上房裡的團體活動。但身體實在太虛弱了，就是很難做到。

到了晚上十點奉命就寢時，大家同意，應該讓她優先躺下休息。我則站在她旁邊。到了幾個鐘頭後換班睡的時候，我主動說願意繼續站著，好讓她能睡下去。「你還是多休息比較好。」我低聲道。

但努兒拒絕了。「我睡夠了。」她堅持道。所以我們就換姿勢：我躺著睡，換她站到獄友之間。直到今天我都後悔，自己當時沒堅持讓她繼續躺著。

到了大概午夜的時候，我聽到一聲巨大的撞擊聲。我立刻就知道發生了什麼事：努兒癱倒在地。她因為太過疲累加上身子虛弱而跌倒，已經失去意識了。我趕到她旁邊要照顧她。到了後，我聽到她連續大聲地呼出兩口氣。很深，讓人不安的呼氣聲，像是從身體深處發出來的氣息。努兒就這樣吐出了僅存的生命。

看到她這樣，我直覺的反應就是她死了。「努兒死了！」我大喊。

「安靜，十七號！」擴音器立即回應。

我本來以為獄卒恐怕就要這樣讓她躺在那裡，完全不理會我的求助。但監視器已經錄下了這經過，而在另一頭負責看監視器的人，很顯然也明白這裡發生什麼事。於是沒多久就來了兩位穿制服的人員，穿過眾人來到努兒身邊。其中一人拉起她的手測她的脈搏，並證實了我的猜測：「二十三號死了。」他宣布。

圍繞在我們旁邊的獄友，嘆息的聲音此起彼落。其中有些人甚至又咬住了自己的拳頭，只因太難過又不敢哭出聲。只有艾古兒跟往常一樣，又憤慨地發言。「她真幸運啊，脫離了這個人間煉獄！但我們遲早也要出去的，不管是死是活。」她意有所指地說。「問題只差，下一個會是誰？」

「閉嘴！」警衛出聲了。

但她完全不當一回事。「你們這些王八蛋報應很快就來了。」她信誓旦旦地道。

警衛就這樣走了，連努兒也沒帶。她的遺體依然躺在她倒下的地方，在這個擁擠恐怖的地方，夾在我們之間。這時擴音器傳來命令，要我們把手放到腦後，然後轉身面對牆壁，閉上眼睛。但我還是從眼角看到經過。

幾個身著黑色制服的身影進入房間，是公安單位的特種部隊，但臉都用面罩遮住。這讓他們和一般穿卡其色制服，且露出臉部的獄卒不同。

據說他們永遠都戴著這些面罩，都不知彼此的真面目。這顯示，當局其實多少擔心，他們在集中營中所犯下的這些罪行，有天會被人揭穿。

這些蒙面特種部隊拿了一把大鉗子夾住努兒的腳，就這樣像是拖死豬肉一樣，把她拖出牢房。

這次的遭遇讓我精神受到重創。那段期間，我總共在那邊親眼見到九起這樣的死亡。但在努兒過世後，我喪失了求生意志。不管看什麼，都讓我覺得了無生趣。要是一切注定要在這裡結束，那何苦再折磨自己呢？

艾古兒沒說錯：死真的是一種解脫。死對努兒是一種解脫，死對我自己也是一種解脫。因為，我也一樣，再也無法忍受這壓力了。我像行屍走肉一樣照著要求運作，等候著哪天跟努兒一樣的命運降落在我頭上。

不用等多久，就在失去努兒三天後，二〇一七年六月九日這天，我崩潰了。在忍受了將近兩個月的牢獄之苦後，我失去了意識，被人抬出了牢房。

第8章
時時刻刻的跟監

醒來時，我身處明亮的房裡，躺在鋪有白色床單的床上。房裡飄散著消毒用品的氣味。我眨眨眼。一名穿著護理師服裝的女士，正在我床旁的茶几上整理藥物。茶几上有許多的藥丸。我在醫院病房裡。當我想移動時，才發現手被銬在床上。

我看著床上自己的下半身。我穿著白衫，腳上也有腳鐐。「她慢慢甦醒了。」我聽到護理師在說。我還注意到她沒穿制服。然後我又昏睡了過去。

下一次醒來時，床邊坐了一位女醫師。她用客氣的褐色眼珠看著我。「你感覺如何？」她用維吾爾語問我。

這簡直太不真實了。好久都沒人關心我了。「謝謝，還可以。」我答。

「身上還痛嗎？」

我遲疑了一下才答。她真的會幫我嗎？在集中營裡大家都說，這裡連醫生的話都不可信。但她的樣子不像是集中營的醫師，她那鼓勵人的笑容，讓我對她有信心。「是的。」我說，用沒被上銬的手指著肚子。「那裡。」

她沒有吃驚的樣子。「你服用了太多藥物。」她放低聲音對我吐露實情。「接下來看看能不能不要再吃了。」我點點頭，即使我不是完全明白她的意思。「多喝牛奶也有幫助，能幫身體排毒……」

「好。」我一邊說，一邊安心了些。我有種感覺，這位女醫師是真心為我好。「謝謝。」也因此我都鼓不起勇氣問她，我什麼時候要再回到牢裡。

「現在你需要好好的靜養。在健康恢復前，你可以待在父母家裡。」

「真的嗎？」我完全不敢相信自己的幸運。就算只是回家待一天，都讓人欣喜無比，因為至少可以再見到兩個孩子。很久以前，我就已經不抱這個希望了。

一天後，我真的獲釋了。一輛警車隨之將我從醫院帶往警局。路上我開始擔心，他們又要把我關進去。但沒這回事。一名女公安只告訴我一件事，要我往後如何「趨吉避凶」，保得「自由之身」。「你要對自己的培訓經過守口如瓶。」她強調。所謂的「培訓」是集中營的代稱，這詞現在也漸漸在日常用語中普及了。「懂嗎？」我點點頭。

她又給了我一頂半長、深褐色的假髮，好遮住我還沒來得及留長的頭髮。「這個從現在起你就一直戴著。」她指示道。她要我說什麼我都一律掛保證。「你變成什麼樣了？難道你想讓爸媽有個犯罪的孩子嗎？」在腦子裡經常重複的這句話突然響起。我下定了決心，絕不再讓爸媽操心。從現在開始，我要當個好女兒，好公民。

離開前，他們指派了兩名漢族男性陪同我回家。他們雖沒穿制服，但很明顯他們是便衣公安。「他們以後就是你的新親戚，從中國本土來的親兄弟。」那名女公安說明。

這時我腦海中馬上響起一首歌，是我們在牢中唱過的：「五星紅旗迎風飄揚，勝利歌聲多麼響亮；歌唱我們親愛的祖國，從今走向繁榮富強……」但我現在卻搞不清楚了：我的親戚？她這話什麼意思？

「他們從現在起，會跟你還有你家人同住。」女公安進一步說明。「所以要好好招待你的親戚。」

「那是一定的。」我答應她。

「我們的耳目什麼都不會放過。」她提醒我，這話其實完全是多的：沒人比我更清楚這種事了。

接著我就和這兩人來到家門。爸爸開了門，卻一點也沒有驚訝的樣子，顯然公安早就告知他我會回家。或者該說是：我們會回家。不論如何，他完全不抗拒地讓那兩個人跟著我，進了我們家大門。

這實在是很奇怪的事。如果沒有他們，在分離這麼久後，我是一定會投入父親的懷抱中。我會抱著他一起哭，並把被公安抓走後的所有遭遇都告訴他。但我卻什麼都沒做。他也什麼都沒問，甚至連我這陣子去了哪都沒問。彷彿我這麼憑空消失兩個月再平常也不過似的。

姨媽也一樣一句話都沒說。她在看到我時，只是咬著自己的手指，強壓著滿眼的淚水。「米日古麗。我希望你沒事。」她強自壓抑地道。

「是的，媽媽。」我也同樣壓抑情緒地答道。「孩子們呢？」

「伊蓮娜！莫亞茲！」她喊道。

兩個孩子見我們到家原本跑掉了。她們現在已經兩歲大了，但很怕生，因為很少機會見生人。聽到叫聲他們從臥室探出頭來。看到女兒纖細的黑色捲髮、兒子依然偏大的頭，以及像他爸爸明亮的眼睛時，我一顆心高興的蹦蹦跳。

我張開雙臂，自以為是地期待著他們投入我的懷抱。但他們卻始終站在門邊不動，滿臉不解地看著姨媽。「快來啊，你們兩個！」姨媽催促他們。「快過來跟媽媽打招呼！」他們遲疑地從躲藏處走過來。

「媽媽？」當我抱著莫亞茲時，他問道。他似乎還對這一切摸不著頭緒。我潸然淚下。

「是啊，我是你媽媽啊。」我想讓他知道。

「媽媽就快回來了。」艾蓮娜卻這麼說。

「媽媽已經回來了。」我糾正她說。她帶著懷疑地看著我。當我想要輕輕親她一下時，她卻轉過頭開始哭了起來。

「我是你們的媽媽啊。」我再一次跟她說。但一點用也沒有。

「媽媽就快回來了。」她堅定地又說了一遍。

這真讓我心痛，但我不讓自己因為他們的排斥難過。因為我知道，孩子們只是一時之間無法接受。我入獄時他們都還太小，所以現在一定認不得我。事情演變成這樣讓我深深自責。

「媽媽再也不會離開你們了。」我跟他們強調，雖然我自己也不清楚是否能夠做到。只是當下我真的很想讓他們知道。因為我唯一的心願就是再也不和孩子分開，然後看著他們平安健康地長大。

那兩名漢人便衣就這樣搬進來住。他們完全一副是來家裡作客的親戚那樣。但他們不是那種到訪時，會讓大家興高采烈、受到歡迎的親戚，而是那種不請自來、給人增加麻煩的親戚。他們擅自參與我們所有日常活動：吃飯的時候，他們自動併過來，要求也要款待他們，這讓我們很為難，因為我們自給都不足了，還得張羅他們兩個。當我跟孩子們玩耍時，他們也緊盯著不放。他們出現在我們家各處，連臥室也有他們的身影。而且他們一副住定下來沒打算搬走的樣子。

剛開始我們完全搞不懂該怎麼拿捏。但這也不是我們家第一次出現公安駐紮了。只是，之前來的那些至少穿了制服，所以很清楚就是外人。但這次這些所謂的「親戚」，卻是完全不給我們保持距離的機會。

頭幾天的晚上要就寢時，爸爸原想按接待其他親戚的方式，在家裡客廳給他們弄個地方供他們就寢。但那兩個公安不高興了。「我們不睡客廳，我們睡臥室。」他們道。所以爸爸只好把家裡僅有的兩間臥房讓出一間給他們，這房裡有木板床和地毯。原本這兩個房間一間給爸媽睡，一間給我和孩子們睡。但即使這樣，那兩個漢族公安還是不滿意。「我們是你們最親的親戚，我們要跟你們睡在同一張床上。」他把話挑明了說。

然後他們還堅持說，他們一人要跟我和孩子睡，另一人要和爸媽睡。爸爸一聽到整個臉漲到通紅。他身為穆斯林，一聽到家中婦女、姨媽和我，竟然要和陌生男人同床，簡直是惱火到了極點。一般情況下，有人敢講這種話肯定會被他趕出我們家，甚至毒打一頓。但這次他卻克制住自己的脾氣，努力看有沒有辦法，減輕對我們的傷害。重要的是，絕不能讓家中任一女子單獨和他們其中一人同床。所以最後想到的方法就是大家一起睡：姨媽、我、還有兩個孩子，跟其中一名漢人睡。另一名漢人則和爸爸到另一間房，睡另一張床。

這樣那兩名漢人就不能對我們動歪腦筋，而漢人公安每兩周會換一次班。都是同樣的「不速之客」，完全不懂禮貌。我猜想他們應該都是中國內地一些沒用的人，失業者。他們對我們的態度，像是他們才是主人一樣。他們來這裡的任務顯然很明確，那就是糟蹋我們，表現得越差越好，好把我們弄得雞犬不寧。我們可不是唯一遭遇這種事的。這是一個非常全面性的任務：當時大約有十分之一的維吾爾家庭都有這種漢人「親戚」進住，讓這些家庭的私生活都遭到侵犯。在將我們關進監獄、集中營之外，二〇一七和二〇一八年，我們還遭遇了這種極度的侵害。

基本上，當時整個新疆就像是一座沒有牆的集中營。或者該說是藉由這些「入住親戚」，不管你身在集中營內或外，都像在集中營內。他們出現在人民家中，等於是把集中營內的監視和非人待遇帶到了人民家中，無處不在。即使在我們最私人的空間，維吾爾人的臥室裡，都難逃中國政府的暴力行為。

在我們的社區，我們就像是古代的痲瘋病人一樣。鄰居雖然是遠房親戚，總避著我們，而且如果沒有必要就絕對不跟我們說話。因為大家都知道，萬一要是給當局知道我們之間有來往，可能會給他們招來麻煩。而即使我們自家人之間也不再說話。之前我跟爸媽常聊天。就算是我在中國那邊念書，或是到埃及念書，我也常打電話回家，向他們報告我的生活，或是詢問他們對一些事情的看法。但現在卻都沒有了。只有跟孩子們，我們會講一些童言童語。大人們之間的溝通限縮到只剩下眼神的交會。但即使是這樣，那些公安還是緊盯著我們不放。

我們的漢人「親戚」不停在記筆記。比如，我和爸爸意味深長地交換眼神時，他們兩個立刻就會在筆記本上寫下來。他們每天會跑一次警局，把這些筆記本送過去，以報告我們的動靜。他們也可能是在這時接收新的指令。但，他們不會兩個人同時去，因為怕我們沒人監視。

我們的家庭生活深受其苦，連帶家人間的關係也飽受其害。對我而言，最糟的是看到我父親因此變得疏離而充滿無力感。從小到大，他在我眼中始終是個頂天立地的男子漢，就連入獄後我都沒有改變這看法。我始終深信父親總有一天會救我出去。但現在的他，卻變得跟我一樣無助。這讓我難以接受，我不想要這個成了行屍走肉的父親，我想要回那個我深愛的、強壯的父親。所以我會避開他的眼神。他人雖然在，卻已經不是我所認識的那個人了。

這讓我益發感到寂寞，我們所有人都一樣。家人在我們眼中都成了空有形貌的貼紙一般，像是假人娃娃，外表雖然一樣，但裡面都變了。

要承認這件事真是讓人痛澈心扉。雖然爸媽明明就在身邊，卻沒有人可以讓我吐露心聲。相反的，不管何時何地，我都要戴上一副面具。即使是在孩子面前，我也要想辦法裝成另一個人，以免他們受到影響。不管氣氛有多古怪，我都會裝作沒事一樣。不管在吃飯時，或是玩耍時，我都會強顏歡笑。

家裡只剩下洗手間是唯一可以解放且做我自己的地方了。這邊不會有人跟蹤我，也終於可以好好的痛哭一場。我常常會躲進洗手間放聲大哭。偶爾，我還會想趁著沒人監視時祈禱。但我不確定，洗手間會不會也被人裝了監視器或竊聽器？我可不敢冒這個險。

更何況，我也不需要有正式的祈禱儀式了。在監獄、集中營時，我學會了可以不靠念誦經文或向麥加朝拜就進行祈禱。我現在不分時地，都可以和我的神說話。我現在和神的關係比以往更好，因為祂是我唯一可以信靠的對象了。再者因為我的一切都被奪走，連我最親愛的人都變成中國的傀儡，神因此成為永遠可以企及，又永遠都在的人。

多數時候，在家裡我都會和那兩個公安玩貓捉老鼠的遊戲，他們老是跟在我後面。他們必須要交報告，但我們又沒什麼值得報告的。照顧兩個小孩的日子實在是乏善可陳，所以他們也常覺得無聊。

只要爸爸一不在，他們兩個就會對我和姨媽得寸進尺。其中一個很胖的公安總是偷偷摸摸跟在我後面。比如要是我去廚房給孩子弄吃的，他也會跟去。我都還沒打開櫥櫃，他就會用那沒力氣又肥胖的手抱我。這讓我覺得特別噁心，不得不喝斥他住手。「你別碰我，不然我跟你主管告狀。」我威脅他。

他卻被逗得更開心。接著他靠得離我更近，近到我都聞到他呼吸的臭味。「你試試看啊。」他笑著道。「你真以為你能動到我嗎？你真是高估自己了呢，姑娘……誰都動不了我的。」

「我倒要看看！」

「你別太得意了。」他警告我。「難不成你想再進監獄去嗎？」

這時候剛好兩個孩子進來，他這番毫不遮掩的威脅立刻奏效。這個人比我孔武有力，我又不能激怒他。但我要如何保護自己不被他侵犯呢？

「你有膽碰我看看。我身上有傳染病。」我終於想到。

但就連這樣也改變不了他的心意。他變得越來越放肆。隔天，家裡又只剩下我和他兩個大人時，他居然把手伸進我衣服裡，摸我的胸部。

比這還糟的是晚上和他同睡一床的時候。一開始他是睡我父親那床的，但後來他們公安之間對調，變成他睡我和姨媽這床。長久以來，我們已經習慣和衣而眠，這樣睡前就不用在他們公安眼前更衣，睡前就只要幫孩子更衣就好。當晚我們上床後，姨媽靠牆睡，我睡她旁邊，我另一邊則是兩個孩子，最後則是那個陌生胖子。我一直保持清醒，因為我有非常不祥的預感。中間一度我不小心睡著時，就覺得那男人的手突然摸進了我的頭髮。我大驚失色。「馬上住手！」我低聲制止他，深怕驚醒孩子。

「那你跟我出來。」

「怎麼可能？你要是再不住手我就叫人了。」

「那孩子們會怎麼想？」

在這樣的時候，我真的很希望倒不如回到監獄裡去，那邊至少每晚我們都是跟婦女一起睡，沒有男人。直到今天，講起這樣的事都讓我覺得很丟臉。但這是真相的一部分，所以我要把它說出來。

我全身上下每個毛孔都恨透了這個男人。可以的話，我恨不得送他歸西。我期待他被換走的那天，但沒那麼快。

睡在他旁邊卻失眠了好幾個晚上後，我的殺人念頭益發強烈了。我開始想著哪裡可以找到刀子，好拿來割斷他的喉嚨。下一次他再摸我，我就把他喉嚨割斷，管它後果怎樣。有時候膽子大了，也自覺強大時，我會這樣想。但有些日子膽子小，無力感強烈，被絕望淹沒，我想要結束的卻是自己的性命，而不是他的。不管是前者還是後者，刀子看來是必須的。

所以我就開始尋找刀子，但卻怎麼也找不到。因為在幾個月前，中國官員早就已經挨家挨戶到維族人家中，將我們的刀具都沒收了。同時他們還頒布一項規定，要求新疆每一家只能擁有兩副刀具，一副是用來切肉用的，另一副則是切蔬果用的。這兩副刀具由政府配給。所以當局那裡很清楚每一家所擁有的刀具。為了確保這些刀具不至遺失，甚至還在刀上標上識別碼，以及定位晶片。爸媽在家中廚房也有兩把這類刀具，兩把全都上了鍊子，完全不讓你拿到別處使用。

我很快就發現，用刀子殺人的奇想絕對不可能實現，因為根本找不到刀子。又或者該說是我太膽小，不敢引那漢人進廚房。我家鄰居帕汀美膽子可就比我大的多，但她也因此付出了代價。

有一天晚上，我又同樣無法入睡時，聽到樓上傳來尖叫吵鬧聲。似乎是有人吵架，還有尖叫聲。驚懼中，我認出那叫聲，是我家樓上鄰居八歲大小女孩的聲音，鄰居帕汀美的女兒。

我們跟這個樓上鄰居之間完全沒有互動。我從集中營回來後，姨媽才告訴我，他們家男人去坐牢了。也因為這樣，我們一家都沒和她說過話。在樓梯間偶爾碰面時，我更不敢和她說話。「這樣比較好。」姨媽認為，「我們自己麻煩夠多了。」這我可以理解。沒多久後，爸媽和我就注意到，有一名漢人入住帕汀美家，和她以及女兒住在一塊，我們當然都能意會，也只能聳聳肩。但她們寡母孤女地被迫要和一名漢人男子同住，卻讓我們深深替他們感到擔心。但是當局要「親戚」入住你家，根本就不由你拒絕。

帕汀美家跟我家一樣，這時已經有這麼一位親戚入住好幾個月了，這個入住親戚每兩個禮拜會換成一張生面孔。他們家的這個親戚，也一樣跟他們同睡一張床。我們也心知肚明，這個入住的漢人親戚，會利用帕汀美先生不在的弱點，占她的便宜。我真的不敢想像她每夜要忍受什麼樣的待遇，肯定一定比我在我家的遭遇更差。但那一晚吵到我家都聽到的噪音卻是跟往常不一樣。「你手給我放下來！」我聽到帕汀美的聲音。接著又聽到她女兒的尖叫聲。樓上發生了什麼事並不難推測：那漢族男子當著媽媽的面，強暴了她八歲的女兒。我渾身顫抖。姨媽也是整個人直挺挺的像石頭一樣，躺在床上動都不敢動，靜靜聽著這恐怖的事件。

之後有陣子突然安靜了。但接著又出現新的衝突，還聽到帕汀美尖叫。我想要遮住自己的耳朵。或許他這時換成性侵孩子的媽了。這樣聽著卻不能做什麼，真的讓人難以忍受。我真的很心疼帕汀美。她年紀跟我差不多。我在心裡想著，如果讓我看到有人傷害我的兒子或女兒，我會有什麼反應。但這真的很難想像。或許我會不顧一切去掐他脖子，即使賠上我自己的性命也無所謂。

這時突然間我又聽到一聲大叫，然後就是有人呻吟的聲音。這次的聲音換成是那個男的。接著則是喘氣的聲音，然後就再也沒有聲音了。這也太古怪了。我們樓上鄰居家裡現在是什麼狀況？

那一晚剩下的時間一片死寂。從我們家這邊再也聽不到任何聲音。隔天一早天剛發白的時候，警車鳴著警笛來了。五、六名公安衝進帕汀美家中，將我們的鄰居戴上手銬，押下樓梯，將她推進停在我家門口的警車裡。她家裡那位漢族「親戚」則被人用擔架抬下樓梯，已經死了。前一晚，帕汀美引誘他進家中廚房，然後在那邊用被鍊住的切肉刀，刺入他的心臟。

從此以後再也沒見到這位鄰居了。鄰居間傳聞是說，她早就想對這名漢人室友或他的前一任用毒，但一直沒成功。沒多久大家又知道了，帕汀美被以謀殺罪判處死刑。這我一點也不意外。她女兒後來的下落呢？我無從得知。當時她也被帶走了，可能是送到國家教育營去了。

這類故事真的不勝枚舉。許多維族男人從高樓躍下身亡，因為他們不忍眼睜睜看著家中妻子或女兒被這些漢族人強暴。維族人之間瀰漫著濃厚的絕望氣氛。

再沒有比讓這些漢人男性「訪客」強迫入住，更嚴重侵犯維族家庭的事了。因為男性真的可以做出很惡劣的事。我不知道，政府將這些男人往我們家送，究竟是在想什麼。這背後有什麼陰謀？我的推測是，他們會不會想藉由這個方法，把我們趕出公寓或家中。我也常聽說，當這些家庭的原屋主被送到集中營後，他們的家變成是這些漢人訪客在住了。然後這些漢人就名正言順地鳩佔鵲巢，成為這些維族住家的主人，可以說是從此永遠取代了他們。我猜想，這些所謂的「到訪親戚」會不會是大型的移民計劃，要把內地的漢人移往新疆定居。

後來我們全家都被拘留以後，我們家裡的那些漢人訪客，也真的就住在我們家不走了。

第9章 死劫難逃

二〇一七年十一月間有天半夜，我被響亮的狗吠聲吵醒。強烈的光線讓我睜不開眼睛，孩子也哭了起來。四名公安突然出現在我們床前。我怕極了，但對於這次突襲卻不感到意外，我早算到這事遲早會來的。畢竟我是因為身體健康極差才得以獲釋返家，獲得短暫幾個月的自由。他們現在只是來抓我回去而已。

這種遭遇也不是只發生在我一個人身上。那段時間再次出現大規模的逮捕行動，許多維族人因此乾脆和衣就寢，因為大家都覺得自己早晚會在夜裡被人抓走。一位知名的維族歌手就在網上貼了一則文章，文中他用外界難以破解的方式告訴他的粉絲，他其實長時期都活在會被捕的恐懼之中。這位歌手也真的從二〇一八年以後，就忽然消失無蹤。大家都猜測，他是被中國當局逮捕了。

我們家就跟所有維族家庭一樣，大門被要求不准上鎖，目的是要讓這些漢人隨時可以進到我們家。我們也都會把鞋子擺在床邊方便拿到的地方。但是，當惡夢成真時，卻還是讓人深受震驚。

公安當著嚇壞了的姨媽眼前把我上銬。「站起來，快點！」他們在狗吠聲中大吼。但這吼聲壓不過孩子們歇斯底里的哭聲。孩子們哭到姨媽也沒辦法安撫了。「你們為什麼要帶走她？」姨媽喊破了嗓子。「她到底做了什麼？」

「你給我閉上嘴，不然連你也抓走。」那幾個公安威脅姨媽。

他們用手銬硬把我從床上拉起來。我重心不穩跌了個狗吃屎。「馬上給我起來！」他們大叫，我掙扎著站了起來。我也很想趕快就把這場面收拾好，因為我不忍心看孩子這麼哭喊下去。所以我完全不抵抗，任由他們把我拉到門口。

「等等啊！」姨媽喊著，從後面追來。她手中握著我的靴子。「最少也讓她把鞋子穿上吧！沒鞋子怎麼走路！」

那些公安完全不理會她。他們硬是把我朝大門方向推，然後就拿頭套往我頭上罩。「快走！我們可沒那麼多時間！」他們不留情地催我。

「別這樣，鞋子！」我聽到姨媽在後面喊著。就在他們把我帶出家門後，都還聽到她和那幾名公安在大聲商量著。顯然讓她成功說服了其中一名公安，就在我要步上警車時，公安把鞋子交到了我手上。

「走吧，穿上它。這樣就不會著涼了。」他半諷刺半同情地道。公安將我載到警站後，就很粗魯地將我推下警車。我很慶幸腳上還有鞋可以穿，因為那時已是十一月，冷得刺骨。氣溫已到零下。雖然他們載我到了警局，但那裡大部分地方都沒有暖氣。

他們把我關到地面層的牢裡，裡面小到我連雙臂都伸不直，動也不能動。牢房直接面對走道，而我面前有道鐵窗。塑膠地板很冰，所有的牆面都鋪上灰色泡棉。這樣做目的很明顯：很多犯人會撞牆自盡。這些泡棉能夠防止這種舉動。

我不能說我有厭世的心理。如果能由我決定，我絕對不會輕易了結自己性命。我想，任何有著三歲孩子的母親，就算情況再艱困，也絕對不忍心這樣做。母親為了孩子，必然充滿求生意志，更何況我還覺得活著是義務。但我其實已經失去了鬥志，在三度入獄後，我的感覺已經遲鈍。我很清楚，不管他們要在這裡對我怎樣，我都無能為力去阻止。我只能默默承受命運之神的安排。

我就是抱著這個心態等候著他們的審訊。我回想著過去所接受的審訊，以及他們施加在我身上的痛苦。他們會再一次這樣對我嗎？會再對我施加酷刑嗎？這些人究竟想從我身上問到什麼？我又到底犯了什麼錯？儘管我在埃及的那段時間被他們監控得那麼嚴密，一秒也沒鬆懈過，但他們也無法提出任何具體的指控。同樣的在新疆這邊，我不也是同樣活在他們的全面監控之下嗎？

對於這事我思考得越久，我益發相信這次我沒什麼好擔心的。我這麼一個帶著兩個稚齡孩子的弱女子，還被居家監禁，能做出什麼違法的事來呢？他們肯定只是想嚇一嚇我，或者只是想審訊我，然後就送我回家。何況，有兩名漢人入住我家，把我關進來跟放回家中，又有什麼兩樣？

我等了又等。卻沒有人過來帶我去審訊，也沒人來跟我說話。鐵窗外天光落下，我知道我已經被囚禁了兩天，還被兩具監視器監看著，就這樣待在這個四面是灰色泡棉的狹窄空間裡。這讓我開始納悶，公安這樣做，目的究竟為何。這是他們想出來的新式刑求嗎？那接下來又會是什麼？是審訊嗎？還是放我自由？或者移往別的監獄？我還要在這裡待多久？

三天後，警衛終於打開我的牢房。當他們給我戴上頭套，並拉著我的手銬往外拖時，我心想，也該是時候了。他們要拉我去審訊了。

他們帶我進一個房間。當我的頭套被解開後，眼前突然燈光一亮，我張不開眼睛。但我馬上就看到好多位公安坐在我旁邊。座位排列的方式就像是法庭一樣，只差沒有法官或陪審團，而是著制服的人。

「所有曾經在國外定居的維吾爾族人，現在都已經被中國政府引回國內了。」審訊的領導是位漢人，這是當然的，他開宗明義就這麼說道。我覺得，在座的幾位公安中只有一位是維吾爾人，其他公安則都是外省人。

「上述這些人我們也都審訊過了，尤其是那些跟你一樣，曾在開羅待過的維族人。你在開羅的作為，他們也都有目共睹，因此現在我們已經有許多關於你違法的證據。你再否認也沒用了。你所有的犯行我們都有證據……」

我真的不懂他是什麼意思。他講的犯行到底是什麼？我根本什麼都沒做過！

「所以不要再幹蠢事了，要認罪就趁現在。」他突然看著我道。但我什麼也沒辦法招啊。因為我根本一條罪也沒犯過，要從何招起。

「要是你自認什麼錯也沒犯過，那就直接告訴我們。」他這麼說。

「但我的確什麼罪也沒犯過。」我向他確認。「是真的！」但我明白，這話他絕對不會滿意。我畢竟已經對審訊很有經驗了，所以我知道：不管我答什麼，這漢人公安絕對不會滿意。他們總會覺得我肯定有哪裡沒照實說，但我實在沒什麼好說的。因為總不成為了讓他們滿意，我就隨便編個謊話吧。所以我就不再開口了。

這卻換來他的訓斥。「你明知道自己犯了什麼罪，卻不肯招認。」審訊主持人這麼堅持道。他勃然大怒。「我們給你做了那麼多訓練，你一點也沒派上用場。真是不知好歹。」他這麼指控我，「你罪證確鑿，卻死不肯招認！」

這時另一名公安也加入了對我的指控。「真是忘恩負義。」他指責我。「真是辜負國家對你的厚愛。」

他們越說越生氣。我只是等待他們給我更多肉體上的痛苦。基於過去審訊的經驗，我心裡已經有所準備。但他們卻碰也沒碰我一下。這可非常不尋常，因為他們明明人手一隻警棍。

慢慢的我察覺到，這次他們要跟我玩另一種遊戲。這次他們的玩法遠不是單純肉體上的暴力，他們要讓我精神上疲累不堪。

「我們為什麼該對你動手？」其中一人對我說。「那也太勞師動眾了。我們跟你沒什麼好說的。你現在被列入第二級重刑犯。所以要不現在就認罪，不然就等著被處死吧。」

他停了一下，讓這番威脅迴響在房裡，其他人還在一旁觀察我的反應。但我卻一點反應也沒有。雖然我心裡其實很怕真的要沒命了，外表上卻還是一副不為所動的樣子。

我猜要是一個人內心已然麻木時，大概就是這樣吧。過去幾年這些公安和獄卒們已經對我壞事做絕，現在就算是最嚴重的威脅，也已經對我起不了作用。要把我處死？經歷了那麼多，這有什麼好怕的？難道要我潸然淚下，哭哭啼啼地求他們饒我一命嗎？怎麼可能。現在的我就像有一層看不到的防護網環繞著我一樣，這防護網讓我一絲情緒也沒有了。

他們看到我這麼無動於衷，更是變本加厲地折磨我。「你真的會被槍殺喔。」他們開始描述我離死刑不久的狀況。「所以我們也就不多折磨你了。沒什麼意義。將死之人，就不用多加折磨……」

「可惜啊，可惜像你這樣一個女子。」另一人也幫腔道。「我們盡力想幫你。但我們的耐心也是有限。」

他們想要讓我以為，我的判刑差不多已經定了。「要想扭轉判決，就只有乖乖認罪。」審訊主導人這麼道。「所以你好好考慮清楚。我們給你些時間，讓你想清楚。」他一副深感惋惜的樣子。「要是真的被處死了，那可真是讓人遺憾呢。」

就這樣，審訊結束了，我又被送回牢房，兩名警衛再次把我戴上頭套，領我到一輛停在院中的接泊車。「上去，腳抬高！」他們喊道。

「你們要載我去哪？」

他們不回答，只是一味粗魯地把我往車裡推。「你很快就會知道了。」接著他們啟動引擎。車行二十分鐘後，經過一個拒馬，停到警戒線隔離的區域裡。集中營嗎？還是監獄？對我而言，已經沒有差別了。

進去前又要脫光身上的衣物。一名著制服的醫生為我檢查，判定我的健康狀態可以監禁。接著就剃掉我的頭髮，戴上新的手銬和腳鐐，發給我囚衣、這次不是藍色，而是橘色。「你知道這什麼意思嗎？」那位發給我囚衣的女士問道。她臉上露出不屑。「那表示你是重刑犯！」

這橘色囚衣就像是詛咒一樣。凡看到的人，立刻知道我屬於哪一類的罪犯。獄卒更是絕對不會錯過機會提醒我這件事。「你日子不長了。」他們常會告訴我。「現在就差最後判決而已。一旦判決定讞就是你的死期。」還不只他們，其他獄友也都認得我這身囚衣。

一開始我沒跟其他犯人關在一起，而是單獨關在一間牢房裡。這牢房跟上次那間一樣：窄得可怕，又冷，牆壁也貼上泡棉，任何聲音都被隔絕。我覺得自己就像被關在吸音棉盒子裡一樣。他們大概是想再給我機會改變想法，照審訊主持人要求的那樣認罪。但是雖然他們把我單獨囚禁，卻對我產生不了作用。後來獄方大概也察覺了此點。所以在關了我十天後，就把我關到另一間房，跟二十個女獄友關在一起。

這間牢房中所有的囚犯都穿藍色囚衣。當她們看到穿著橘色囚衣的我進來時，全都不屑地轉過身去背對著我。她們都不跟我說話，連低聲打招呼都不肯。好像我有嚴重傳染病，觸摸到會被傳染一樣。就連眼神的接觸，她們都會避開。只差沒露出不屑的表情而已。

但有一個人例外。在最裡頭的角落，我發現有一位獄友跟我一樣穿著橘色囚衣，也一樣戴著腳鐐。她的體型高大，但卻非常瘦，可以說是瘦骨嶙峋。她的皮膚非常蒼白，眼睛凹陷，簡直就像具乾屍一樣。但她卻是唯一對我露出短暫微笑的人。隨後我才知道，她是古芭賀兒，等著被執行死刑有十九個月之久了。

在這裡，她跟我一樣被眾人所唾棄和閃躲。其他的獄友都視我們為危險人物，怕跟我們有接觸而惹上麻煩。跟過去一樣，牢房裡到處都是監視器，監看著我們所有舉動。我們兩個「重刑犯」更是遭到特別嚴密的監管，也因此這些獄友們可不想冒險跟我們接近。

這樣被群體毫不掩飾的蔑視，是我以前從沒遭遇過的。之前的監禁雖然飽受折磨，但是層級上不同。其他地方，主要都是外在環境的折磨。那邊的獄卒被隔絕在鐵窗外，而我們犯人在窗內，大家站在同一邊。但在這裡，大家卻不站在同一邊，至少不和我與古芭賀兒站在同一邊。我們要特別提防其他獄友，因為她們之中有些人會和獄卒勾結：為了要獲得更好的餐點或是其他的好處，她們會跟獄卒密告我們兩個。但我不知道她們會不會密告其他獄友。總之，因為她們這種作為，讓獄中瀰漫著不安、互相猜疑的氣氛，讓我覺得這邊沒有人可以信任。

也因為這樣，古芭賀兒對我的反應更讓我意外。她雖然身體狀況堪憐，但她永遠把頭抬得高高的，高到讓人幾乎以為她對自己的狀況非常驕傲。她非常有禮貌，對人都很客氣，儘管其他獄友總是對她很不友善。有一次，一位獄友搶走她的午餐饅頭，當著她的面一口吃了，她也只是回以和氣的微笑。

就連獄卒故意找她麻煩，不讓她好過，她也是默默承受。他們遇到她時，不像一般犯人都是叫號，卻故意叫她是「恐怖份子」。「喂，恐怖份子，立正站好！」他們會這樣命令她。然後大家就知道指誰。看到他們這樣待她，總是讓我很替她難過。但古芭賀兒卻是一笑置之，逆來順受。

也因為這樣，一開始我以為她精神失常了。但後來我就瞭解到，她這種和善的態度發自她的本性。而我猜，她是在私下暗自決定，不管周遭對她多惡劣，她也不要改變她的友善。「他們都不是壞人，他們只是害怕。」有次她低聲這麼對我說。她甚至為那些折磨她的獄卒辯護。因為她這種人生觀，讓我對她格外欣賞。因為透過這種態度，讓她把自己提升到一個高於那些傷害她的人的層次上。她沒跟那些人站在同一個層次上一般見識，反倒是站到了道德的高點去。這讓我深感驚奇。

我就沒有這麼寬宏大度了。被那些獄卒濫用權力欺負，或是被其他獄友當成獄中最低階犯人時，我總是忿恨不已。這也讓我常感到絕望。有一次，我坐在地上，以為別人沒注意到我時，不禁潸然淚下。我刻意把頭轉到監視器拍不到的地方，以免擴音器會講出羞辱人的話。但卻沒注意到，古芭賀兒就坐在我旁邊。

「嘿，不能哭。」她低聲對我說。「要抬頭挺胸。我們一定會撐過去的！」她的聲音像是醍醐灌頂一樣。「在國外的維族人正在努力，要終結這邊的不公不義，很快就會結束了。到時你就會看到：不久的將來，我們的族人會來解救我們。你等著！要維持尊嚴，因為他們很快就要來了……」

儘管對她這番話我有所保留，但聽她這麼說還是讓我得到安慰。因為，至少就我看來，古芭賀兒說的沒錯：就算他們讓我們充滿無助，也不能踐踏我們的尊嚴。我們的尊嚴只有自己能踐踏，不能讓別人來踐踏。是的，就算我會死在這裡，這念頭當下掠過我的腦海，但我還是要抬頭挺胸。我看著古芭賀兒，她的笑容鼓勵著我。

如今每當我想到她，我就會哭。那個充滿自信的古芭賀兒現在不知怎麼了？或許她已經被判死刑、遭到槍決了。我無法想像她還會在人世。

我的第三座監獄中，每日行程跟我前座監獄有個最大的不同處。前兩座監獄把對犯人洗腦視為優先工作，這邊則沒有這情形。前兩座監獄都要求我們背誦《紅書》和口號，或是唱紅歌。這邊也不會命令我們踏步行進。這邊比較像是一般罪犯的保護管束中心。除此之外，當局沒有多費心力想要改變我們的想法。

這也意味著我們每天過著很無聊的日子。既沒有上課，也沒有唱紅歌，整天就是無所事事，除了坐著等放飯。早上喝稀粥，中午吃石頭般硬的饅頭，晚上則是配給白飯，份量剛好讓人餓不死。我老是覺得餓，身體很虛弱。獄卒也表明得很清楚：「你反正死期不遠。我們又何必多此一舉？你只要撐到判決下來就夠了。」

但最終的判決一直沒下來。每天一早，我都盼望著今天就會是決定我宿命的那一天，但我沒有一次猜對。到後來，我真的等得好累，於是就盼望著法官或哪個做決定的人，快點判一判，好讓我了結這無盡的等待。這種不確定感，再加上害怕一切很快都要過去的恐懼，還有不斷浮現的新希望，讓壓力升高。我真的很想有個肯定的答案，知道自己究竟是會死還是會活。

在等待過程中，我多次換了牢房。官方的說法是這個集中營人滿為患，要將我移到別間，好空出位置給新犯人。但我猜真實的原因應該是他們不想讓我和獄友建立感情，因為這會讓我心情穩定。因為團結是一種強烈的聯結，讓人在不管多艱困的環境中都撐得過去。

但不管我到哪個牢房都發現，那邊的獄友全都被獄方先「打過預防針」。獄卒早就警告過她們，凡是看到穿橘色囚衣的重刑犯，不要打交道，最好完全不要交談。

也因此不管我走到哪兒，就感覺到一股恐懼和厭惡之情向我湧來。慢慢的，我乾脆認命，接受自己被人唾棄的身分，再也不主動和人攀談。

但我總會對其他獄友感到好奇，尤其是那些定期被送進來的新犯人。她們不見得是剛從家裡被送進來，而是可能已經在這個地區其他集中營待過。所以每當她們講述自己在其他集中營的遭遇時，我就會張大耳朵在一旁默默聽著。這讓我對且末的普遍狀況有了相當多的瞭解。

這情形在二〇一八年的春季最為嚴重。在當時，且末的每一個維吾爾家庭，都最少有一名親戚被關進集中營，毫無例外；甚至還不乏整個大家族全都因為有嫌疑而入獄。

而他們這套監禁維族人的系統大致上是這麼運作：在搜集到維族犯人足夠的可疑證據後，當局就會下令拘捕，所謂的證據包括，像我這樣在國外留學、又和埃及人通婚的。一開始他們會先展開長達多日的偵訊，然後就送這些人入獄，再依所搜集到的資訊，依輕重將犯人分類。當局眼中認為沒有犯罪、或情節較輕的犯人，入獄那段期間就要進行勞動。這些人要整天勞動，直到要就寢時才會讓他們回到牢房。白天則會送他們到各地工廠，多半是成衣加工廠。只有那些跟我一樣的重刑犯不會被要求強迫勞動。原因很明顯：當局擔心，我們會利用工作機會自行了斷。因為很多這樣的人都不求別的，只求一死了之。

有一次有位新到的獄友，她的雙手皮膚嚴重脫皮。「我想是他們工廠裡的化學物質造成的。」她對其他獄友說。「在哪裡？你們在那邊生產什麼？」我鼓起勇氣問她。她因為剛來，獄卒還來不及給她洗腦讓她躲著我，所以就意外獲得她的回應。

她說，她去的是一家烘焙食品工廠，負責製蛋糕。每天早上四點，漢族警衛就會將她們戴上眼罩，帶她們前往廠房。在生產線上工作十五個鐘頭後，晚上再送她們回到集中營。「那邊是有乳液，但那是給主管用的。我們不能使用。」她告訴大家。

另一名新到的獄友是我之前就見過的。她叫莫嫣，我在村子裡時就認識她。她因為家境好，所以常會給貧窮人家的孩子送衣服穿，外婆和我也收到過她的善意。她送我的是一件淡藍色的套頭毛衣，陪我渡過好幾個冬天。

莫嫣的先生長她十五歲。他很富有，還送給她一輛車。每當看到她駕車駛過，村裡的小孩都好羨慕她。但她的先生也是非常虔誠的穆斯林，也因為這樣，他很早就被當局逮捕，送進集中營去。他在集中營中過世一年後，公安找上莫嫣，把她帶走了。

莫嫣講述這經過時一直哭。我好想安慰她。我好想告訴她，我多喜歡她送我的套頭毛衣，好溫暖又好柔軟。但我阻止自己，因為我注意到，她好像不記得我，或者是假裝不記得。我也不想連累她，讓她被監視器看到原來她和重刑犯是舊識。這件事就讓它成為祕密，不管她知不知道，而這正是我對她善舉的回報。

「五十四號出列。」一天早上獄卒來牢房大吼。因為套著腳鐐，我踩著小碎步奔向這位獄卒。他又要帶我去另一座牢房嗎？因為實在被換過太多次牢房，所以我第一個想法就是這個。幾個月來，我從一座集中營被趕到另一座集中營。

「你的判決下來了。」他們直接告訴我。「你被判死刑。」

即使在服刑期間我經常想像判決下來的這一刻，消息真的到來還是有如一記晴天霹靂。判決結果已經不容任何美好的想像了，我是決計不可能盼到逆轉命運的奇蹟。我的未來已經蓋上了封印，不用再期待美好希望了。

他們領我出牢房，帶我到一間單人牢房。那裡的空間相對舒適點，最少比起之前的牢房都好。牢房裡甚至有張窄床，以及椅子和小桌子。就我看來，根本是奢侈了：我覺得自己好像意外入住旅館一樣。更不得了的是，獄卒竟然幫我把腳鐐給除了，只剩下手銬還在。「這樣你才可以好好享受僅剩的日子。」他們好心地說。

「謝謝。」我勉強擠出這兩個字。突來的消息讓我措手不及，一時之間心慌意亂。但這解脫卻無法讓我感到如釋重負，因為它反而讓這遲遲未至的終結變得更加實際和確定。而那些公安藉這特殊待遇，對我表達的事更是一目瞭然：「我們沒在跟你開玩笑，我們真的沒要讓你活下去。」

他們怕我懷疑，還緊接著把整個處決的細節說出來。「有兩種死法。」其中一人道。他是漢人，是兩人中階級較高的：「看是要槍決小隊，或是毒液注射。」我看著他，盡量不讓他看出我沒有頭緒。他講起處決來一副稀鬆平常的樣子，像是在選晚餐一樣。我不說話。「你大概是在想，這有什麼差吧。」他逕自接下去。「那我說明給你聽吧：注射死亡時間會比槍決長一點，要等到毒液在體內發作。而這長短每個人不一樣。有些人一點劑量就夠了，有些人在二十分鐘後又要再被注射一遍，因為死不成……這類人只會一直痛苦掙扎，但心跳卻還是繼續……」

我點點頭，心裡卻覺得他的說明讓人很難受，因為他這話讓我不斷想到我被處決時的樣子。但或許，這正是他這麼鉅細靡遺為我說明的目的所在。

「槍決的話就死的快些。」他繼續講下去。「我們的行刑槍手很優秀。三槍就讓你完蛋。要是我是你的話，我會選槍決。」

「好。」

「不過呢，這可不是免費的喔……你身上有錢嗎？」

「錢？」一開始我還以為自己聽錯了。「處決也要錢？」

「沒錯。一槍六百元人民幣。要預付喔。」

「我了解了。」我邊說邊搖頭。我一陣噁心。他這是在建議我，為了處決自己，還要跟家裡開口嗎？這可真是多此一舉。「沒有，我一毛錢也沒有。」

「那就只有接受注射了。你要先簽切結書，表示你同意進行注射。還有，你死後，遺體歸醫院所有，可供醫學實驗使用。」

那名公安答應我，會儘快把所需的文件帶來，然後就丟下我離開。我灰心地躺在小床上。就這樣？我自問，我這一生就這樣結束在一劑注射嗎？我才只有二十七歲，連人生的滋味都還沒有真正嚐到呢。在學校畢業後我好多計劃，壯志凌雲，去國外留學。現在卻只能躺在這裡，等待著處決。我想不透，怎麼會走到這地步。我是哪裡做錯了？

當天黃昏，一名漢人和一名維族女獄卒帶了食物來到牢房。我發現，她們現在對我要比以前都和善得多，彷彿同情我一樣。伙食也比較好，不再是以前乾掉的米飯，而是灑上紅辣椒粉的炒飯，香氣四溢。端起碗盤時，我肚子都咕嚕咕嚕叫了起來。

那名維族女獄卒肯定聽到我肚子的聲音，還祝我用餐愉快。她鼓勵我說出自己的願望，要是死前我還想要吃到什麼菜，她會試著去弄來。「要不小羊羔拉條子吧？」她建議。

她這麼一說，我眼淚落了下來。因為我腦海中浮現了外婆為我做的油膩麵條湯。我一直很愛這湯，但竟然會把這當作人生最後一餐，卻是我怎樣也無法想通的事。

「好吧，你想想吧。」那女士道。「我們只是希望你生命最後幾天好好過。」

「我還剩幾天呢？」我忍不住問了。

「這我沒法跟你說。但所剩不多了。」她很空洞地回答我。「還有，如果你有什麼心事想一吐為快的，現在就應該開始了。」

隔天同一位女獄卒又過來，還帶來了一疊紙和一支筆。她對我笑了笑。「我知道你心裡有些想法。」她道。「把想說的寫下來，或許是寫給父母的家書，或是孩子？給後世的想法，給他們的遺言。」

他們就真的收得到這些信嗎？這想法掠過我腦海。但我不敢大聲說出這個疑問。「謝謝。」我喃喃低語。「你人真好。」但我不知道她是真的人好還是只是口蜜腹劍，藉此博得我的信任，請君入甕，再趁機套我的話。

我開始在紙上寫，但一開始什麼也寫不出來。我的腦子裡一片空白，就像個打滿洞的空盒子。大概是我無法接受生命即將結束。我還沒準備好赴死，這讓我處在震驚之中。

但過沒多久後，我的心態改變了。我在這死囚室中待的越久，心中浮現越多的問題。我死了，兩個孩子怎麼辦？爸媽怎麼辦？他們會照顧我兩個孩子嗎？還是他們現在也被關在集中營？這讓我對於人間的正義越來越感到不解：為什麼會這樣？為什麼我和親人要受這種苦？神怎麼能放任這樣的事發生？這有什麼意義？

於是我哭了起來。這段日子以來，我一直都哭不出來。我讓自己振作起來，從內心裡堅強著，以撐過這一切。但現在再沒有必要這樣了，我終於可以不用再硬撐，連自制力也不需要了。於是淚水就這麼倏地落下。我為自己所遭受的所有不公不義而哭。尤其是為我給家人帶來的那些苦難而難過。讓爸媽那麼操心，實在不應該。對三個孩子更是過意不去：他們需要一個堅強、保護他們的母親。我好想成為這樣的母親，尤其是為我的長子。我不安地自問：他們會原諒這樣的母親嗎？

我跪在地上，額頭觸地。儘管我清楚監視器正在看著，但我已經不在乎了。「阿拉，我不瞭解你對我有什麼安排。但我欣然接受我的命運。」我向我的神禱告。「我接受自己的死，儘管我無法明白你這樣做的意義。但人皆有一死。時間掌握在你手中。因此我相信你的智慧。」

吐出這些話後，我心情慢慢平靜下來。但我還有最後的請求：「請讓痛苦到我為止，至少讓我兩個稚齡的孩子活下去。」我祈求神。「請可憐他們！他們是無辜的。要是你不讓我保護他們，請你保護他們。」我想著，自己是否能前往天堂？我這輩子很努力地過著敬天畏神的生活。但如今，阿拉對這個問題如何判決，我已經無所謂了：死亡和死後的日子，不可能比在人世間更苦了。

接下來的幾個晚上我都安然入睡，還做了非常美的夢，夢中我回到小時候的村裡。看到美麗的草原，色彩繽紛的花朵。夢中我甚至可以飛翔。我還記得有一個夢裡，頭頂的天空突然裂開，一束光線穿過雲層射下來，有個聲音說：「飛吧！」於是我張開雙臂，飛越下方肥沃的綠色大地。真是太美妙了。

這個夢讓我知道，我已經坦然接受無可避免的將來了。儘管遭受諸多不公不義，但我已經找到內心的平靜。因為睡得飽吃得好，我的身體也獲得復原。慢慢的我不再感到絕望，精神也恢復了。

我也因此恢復活力。過去三天，我生出求生意志，所以又再次開始和神展開對話。「阿拉，我向你禱告過，請你照顧我的孩子。但現在我要再向你禱告：讓我自己來照顧他們。」我這麼禱告著。我心裡也知道，發出這等心願也太厚臉皮。我相信神，是祂決定了命運，但我竟然要求祂，重新修改祂對我命運的安排。我堅持自己的心願：「阿拉，請讓我自己來照顧我的孩子。」我無助地請求，「請把我的人生還給我！」

我的禱告並不是想改變真實的狀況。所以當獄卒隔天一早來時，我早就做好了最壞的打算。

第10章 救贖

獄卒心情很差。已經連續兩天，他們不再把我當人看。不僅對我講話難聽，也不再給我好東西吃。我不知道這意味著什麼。所以當他們又給我戴上我習以為常的黑色頭套時，我就覺得絕對不會有好事。這次他們又要用這黑色的東西帶我去哪裡？表示一切都完了嗎？我人生最後的一程開始了嗎？

獄卒前後包夾我，帶我通過集中營長長的走道。這兩名獄卒我是認得的：一名是每天會給我送飯的男性，另一名是偶爾陪他同來，並建議我把最後想法寫下來的那位女性。但那些紙筆，卻一直被擱在桌上沒有使用。他們現在是要對我嚴刑拷打，好逼出最後的訊息嗎？還是只是要進行快速的處理？我希望是後者：快一點好了。什麼都好，就別再是嚴刑逼供了。快點給我注射毒針吧，快賜我一死。

穿制服的人領我到院子裡，再將我帶上一輛車。或許是要帶我去醫院，讓我在那邊接受毒液注射，再摘取我的器官，去移植在別人身上吧。在經歷那一切，受了那麼多苦後，我突然間再也不害怕了。我由衷生出一種麻木、無力感，我只想要這一切快點結束。

開了將近十五分鐘後，車停了下來。他們要我下車，跟著公安進到一棟建築，但它的氣味不像醫院。他們幫我把頭套拿掉後，我看到自己置身在一個像是辦公室之類的房間中。在桌上有我的牛仔褲、皮夾克，還有那雙被捕時幫我保暖的靴子，以及我的汗衫，那原本是姨媽的衣服。我滿臉不解地看著那名維吾爾女獄卒。

「喏，快穿上吧。」她一邊說，一邊幫我把手銬解開，好讓我可以自己穿。這一連串的舉動讓我費解：都要接受死刑注射了，為什麼還要讓我穿上自己的衣物？

她一臉漠然地看著我穿完衣服，然後命令我到一張椅子上坐好。「把頭轉過來。」她道，這時我看到她拿著一瓶面霜，還有化妝用品。這要做什麼？「讓你漂亮一點。」她告訴我。

我以為他們的手段我已經都見識過了，卻沒料到，有一天會讓公安幫我上妝。一開始我還以為她是尋我開心，或者又是在藉故親近要套我話。但看她手伸進化妝用品瓶中，沒在開玩笑的樣子。我忍不住笑了起來。「這是怎麼了？」我問。「為什麼要讓我漂亮點？」

「別亂動！」她制止我，開始朝我臉上塗乳液。

「要我死得漂漂亮亮嗎？」

「不是，你不會死了。」她這麼說，然後命令我把嘴巴抿起來，好讓她上口紅。

「你丈夫來了。」

這時我更是再也不相信她的話了。「你這是在開我玩笑嗎？」

「你就要自由了。」她向我保證。「他已經到這裡來接你了。」

她說這話同時，我頓時感到心跳加速。好了，米日古麗，別激動，我對自己說。或許她又在尋你開心。或許她是想讓你卸除心防，你以前遇過的。因為她說的這些不可能是真的。

那名維族女獄卒終於幫我化好妝，還幫我梳了頭髮。關了這四個月來，我的頭髮已經長回來了。然後她把這些東西放回一個盒子裡，再從裡面拿出一面鏡子給我。鏡中的那個女人，臉上儘管有很多顏色，但卻雙頰凹陷，兩眼無神。她身上穿著的是我的衣服，但我卻認不得她。

我依然覺得她是在尋我開心。不過，這突來的希望讓人難以抗拒。瑪穆德竟會來這個地獄接我，這個夢也美的太不真實了。我的眼睛不由自主地望向門口。「再等一會兒，他就會到了。」女獄卒強調。然後那門真的打開了。瑪穆德進了房間；由兩名制服公安陪同。我以為自己在作夢。

我的丈夫帥到太不真實：他穿著一身深藍色的高級西裝和領帶。雖然過去他常留大鬍子，但現在卻刮掉了，還飄著鬍後水的香味。我幾乎認不出他來。尤其是以我現在的狀態，更是羞於見他。真希望現在能夠隱形，讓別人看不見我。我很清楚，現在的我，活像個化了妝的殭屍。而且，在關了好幾個月後，我肯定臭得像隻野生動物一樣。因為這種羞愧感，讓我一直不敢抬起眼睛來。

「米日古麗！」瑪穆德喊道。他朝我走近一步。

但我卻釘在原處動也不動。我連回應都說不出口。

「你不認得我了嗎？」他問。「我是你的丈夫啊。」他把雙手輕輕地擺在我肩上。這時我才意識到，奇蹟真的出現了。阿拉聽到了我的祈禱。我默默地哭了起來。

瑪穆德抱著我。「別怕。」他道。「現在我回到你身邊了，一切都會好轉了。」他也哭了起來。「我好擔心你和孩子們。」

一名公安插嘴道。「我現在去帶孩子過來。」他說完就消失在另一間房裡。我再度懷疑這一切是我的幻想，或許下一秒瑪穆德就會憑空消失。再怎樣我都不會相信，我會再見到我的孩子。才這麼想時，那名公安就已經帶著兩個三歲孩子來了。

看到他們那瞬間我全身顫抖：孩子們的頭髮剃得跟我幾個月前一樣短。莫亞茲在臉頰上有個傷口，額頭上還有瘀青。他們兩個身上都是泥巴。腳指甲還有手指甲都很長，指甲縫都是髒污。他們的衣服也破破爛爛、髒兮兮的。衣服又皺又髒，彷彿過去幾周就只有這套可以穿。身上的味道也似乎如此。

「莫亞茲、艾蓮娜！」我喚道。我張開雙臂期待他們奔向我的懷抱。但小兒子那大大的頭、女兒那瞇瞇的眼，卻只是望著我。他們似乎不確定，是否該到我身邊來。這讓我心好痛。但我能夠理解，他們一定是從另一個集中營過來的。所以不能怪他們不認得自己的母親。

瑪穆德看著他們兩個，臉上寫著滿滿的驚懼。「那真是我們的孩子嗎？」他問我。因為他只在他們剛出生時見過他們，完全不記得那時的莫亞茲有個大大的頭，而艾蓮娜有嚴重的斜眼。

「是，是他們沒錯。」

「但我們生了三個孩子啊。」

「這兩個是莫亞茲和艾蓮娜。」我安撫他，然後就說不下去了。我以前就常想著，將來要怎麼跟瑪穆德說我們長子的遭遇。現在真的到了時機點上，我卻不知道怎麼開口了。

「穆罕默德呢？」

「他……不在世上了。」

瑪穆德完全不知所措。一方面，能跟我還有兩個孩子團圓，他非常高興。但另一方面，長子已不在人世的事他完全沒有心理準備。有好一段時間，他就只是睜大眼睛望著，想要消化這麼多訊息，好把那錯綜複雜的情緒平撫下來。有那麼一剎那，他差點就哭了出來，但又強自鎮定。「穆罕默德是怎麼過世的？」他問我。

「我也不知道。他們說是在醫院過世的。」

「請說英語！」公安大吼。「我們沒人聽得懂阿拉伯文！」

瑪穆德不理會他。「你不在身邊嗎？」他又問我。

「不在。」我對他說出實情。「我那時入獄了。他們只是把他的遺體交還給我……」

淚水湧上我雙眼，我再也說不下去了。他點點頭，也不指責我，但我感到一種難以言喻的悲傷和愧疚。

我們交談這段期間，兩個孩子充滿好奇又怯生生地看著我們。「來，叫爸爸！」我教他們。這時我用的是中文，好安撫一旁的公安。他們已經因為我們不顧指示，一逕以阿拉伯語交談而感到不快了。

兩個孩子卻沒有反應。但我感覺到，他們應該是聽懂我說什麼，只是不能瞭解那是什麼意思。也難怪，他們至今都沒有「爸爸」。我們家中唯一的男性，是我自己的爸爸，他們會用維族語喊他「爺爺」。

瑪穆德對孩子們彎下腰，打開一個包包，拿給他們。「你們看，我有什麼。」他一邊說，一邊從包包裡拿出一個洋娃娃給艾蓮娜，又拿了兩個玩具小汽車給小兒子。「給你們的！」

這兩個雙胞胎小心翼翼地靠近他，眼睛打量著他手中的玩具，然後再看著拿著玩具的我先生。「你們知不知道我是誰？」瑪穆德問道。「我是你們父親啊，你們的爸爸。」瑪穆德講的是阿拉伯語中爸爸的親密詞，他在兩個孩子剛出生時，就常在他們耳邊輕聲說的字。兩個孩子這時突然側耳傾聽。

「我們這邊不說阿拉伯語！」之前要求我們說英語的那名公安又一次打斷他。「務必說英語。我跟你說幾次了？」

「我要怎麼跟我孩子說話是我的事！」瑪穆德駁斥他。

他已經快要爆炸了。這讓我頗為擔憂：過去三年，我已經受了這些公安太多折磨。挑戰他們，或是質疑他們權力這種事，我可是一點也不敢。但瑪穆德可不這麼看事情，他沒道理被他們大小聲。

「不要再演鬧劇了！」他對公安翻臉了。「你不准跟我說話。」後者真的嘴巴張大到不行，因為從來沒人敢這樣對他大小聲。就連我都覺得該勸瑪穆德小聲點，但我不想顯得我沒站在他那一邊。

「我們現在要走了。」他聲明，面無懼色地瞪著那些公安。

「快走！滾吧！」公安道，指著大門。

「我太太還有孩子要一起。」

「孩子你可以帶走。但你太太要留著。」

我的心一沉。這剎那間，我把一切都搞懂了。原來，他們只是想讓瑪穆德看看我，然後再把我關回去。可能只是想讓他相信，他的老婆還在人世，好讓他回埃及時沒有話說。從一開始，這就是他們在打的如意算盤。他們從來就沒打算要釋放我。一旦明白他們演這齣戲的目的後，我深覺受騙。那種感覺就像是戲演到一半時，舞台忽然清空了一樣。

「你太太是中國公民。」我聽到公安冠冕堂皇地這麼說，「因此她哪裡都不去。她被判了罪，只能回牢裡去。但你家孩子你可以帶走，他們是埃及人。你應該感激我們，幫你養了他們這麼久。現在快出去！滾吧！」

瑪穆德這下面如鐵青，因為他也跟我一樣，明白這些公安玩的把戲了。他動也不動杵在那兒同情地看著我。好像是在問我，我怎麼能夠在這樣的惡毒環境中活下來。

但我已經先想好了。「別擔心我。」我低聲道。「我待在這兒。」我的人生反正已經沒希望了。但能再見到瑪穆德，並且知道孩子有他保護安全，對我已經是極大的安慰，也已經比我向阿拉所祈求的更多了。我現在可以安心地走了。「帶著兩個孩子走吧！」我催促瑪穆德。「救他們走！別再想著我了。」

但瑪穆德可不願意。「要走我們一起走！」他對著公安大吼。「我決計不會扔下我太太獨自離開！」

「這不由你決定。因為不巧這裡不是埃及，而是中國。」那臭臉的公安提醒他。「這邊我們的法律說了算！」

這可把瑪穆德給惹毛了。他一把抓住那人的領子，掐著對方的脖子。「你們現在就放我老婆和孩子走。」他大叫。說時遲那時快，另外兩名公安立刻就抽出手槍對著他。

我害怕不已。「拜託你放了他！」我求我先生，「不然他們會開槍射殺你。」這才讓他把手放下來。我深覺公安可能會立刻將他逮捕並帶走。沒想到，就這在時，大門開了，一名穿著高雅，有著阿拉伯人相貌的男士走了進來。原來這人是埃及大使館的外交人員，他在警察局長的陪同下來了。

「這邊怎麼了？」埃及人問道。「有問題嗎？啊，原來孩子在這啊……」

他講的是英語，他的話雖明顯是對著瑪穆德講的，但兩名公安卻好像覺得是對他們講的。他們竟然突然變成乖順的綿羊一樣。「沒事。」兩人向他回報。「孩子在這。他可以立刻帶走。」

大使館官員點點頭，卻似乎不是很滿意。他一臉疑惑地望向瑪穆德。

「我們起了爭執。」瑪穆德道：「他們不讓我太太離開。但沒有米日古麗我不走！」他一臉沒得商量的樣子。

「這件事我們得談談。」埃及官員轉頭對警察局長說。「根據原本的協定，圖爾蓀女士同樣會獲得釋放。」

「這是當然的啊。」那名漢人向他確定，然後瞪了那群手下一眼。「她正要拿到獲釋通知。米日古麗．圖爾蓀自現在起不再是中國公民。」

就這麼一句話，我得到了自由。真是難以置信。就在今天早上，我才在跟生命告別，現在竟然獲釋了？還是跟我的先生還有兩個孩子一起走？這真是太讓人不敢相信。我鬆了一口氣，雙腳突然一軟。感覺就像是有一個魔咒突然從我身上被拿走了：公安確定地說，我想去哪就可以去哪。大使館官員阿特－塔伯里先生也立刻幫我們訂好班機：先到烏魯木齊，然後從那裡再到北京。

雖然我迫不及待想趕快搭上機，但我還是希望在離開前，能看一眼爸媽。我求那些公安，載我們到我家去。他們不是很樂意。所以我就稱想回家拿些私人物品，一些孩子們的衣物和玩具、尿布之類的東西。我知道一般狀況下，他們應該不會答應，但有阿特－塔伯里先生在，他代表埃及大使館，這些公安就無法推托。就這樣我獲得許可返家，但必須有公安隨同。

當我們的座車來到爸媽家門前時，我心中還在擔心，不知該去哪找他們。因為自從被羈押後，我就再也沒收到他們的消息。我希望那些漢族「親戚」在那以後也搬走了。我在一名男公安和一名女公安的陪同下進了屋子，而瑪穆德則和阿特－塔伯里先生在車上等。我們家的大門並沒有鎖，這我並不感到訝異，因為公安原就命令所有維族人家中不得上鎖。我推開門把。但我一進門，就注意到家中不對了。

首先我注意到家裡很多灰塵，卡的到處都是。這很不尋常，因為姨媽和我都很在意清潔。家裡很明顯已經很久沒人打掃了，空氣中還殘留著冷卻的香煙味。我穿過每個房間：客廳裡有好幾個煙灰缸，裡頭有抽過的菸屁股。因為爸爸不抽菸，所以我猜，應該是漢人留下來的。另外我也看到客廳裡有放床的地方，反而是兩間臥室完全沒人在用。完全找不到爸媽的蹤影。

廚房的爐子上還有姨媽最近煮湯用的鍋，但裡頭東西已經發霉了。旁邊的砧板上則是爛掉的大白菜、蕃茄和洋蔥，都已經切過了，可能是打算要放進湯裡的。但卻沒來得及完成。發生了什麼事？

我知道，唯一的解答就是爸媽也一樣被送進集中營。我猜想，公安應該是在他們猝不及防的情況下將他們逮捕，所以他們才會丟下所有的東西沒能收拾。漢人則是過一陣子後，才搬進我家住。就我所看到的情況，我只能這麼猜想。

我深受打擊：可憐的爸媽，我心想。他們已經被關多久了？他們被關在哪？又過得如何？家具和廚房上的灰塵只是薄薄一層，表示他們才入獄不到幾周的時間。但也可能更久。我的心揪在一塊兒。爸媽不該受這種罪的。當局把我和兩個孩子送進集中營難道還不夠嗎？爸媽又做錯了什麼，除了保護自己的女兒和孫子以外？政府這麼大規模的驅逐人民，為的是什麼？

「動作快點。」女公安打斷我的思緒道。「你剛說你要拿東西……」

「喔，對喔。」

儘管那只是我的藉口，我還是從廚房碗櫃抽屜裡撈了個塑膠袋，準備裝些東西。這時我目光落到了擺著腐爛蔬菜的砧板上，在那後面擺著個茶罐。我瞇起眼睛，發現那旁邊有個東西在發亮。

天啊！我看了好一會兒才明白那是什麼：那是姨媽的結婚金戒指。她要不是切菜時拿了下來，要不就是因為公安來到家裡，她找個地方把戒指藏起來。

我猜應該是後者，因為大家都知道首飾一旦交由公安保管，肯定有去無回。這戒指我一定要拿走。但公安就站在我後面，所以我馬上把目光移開，然後就朝之前睡的臥室走去，她也尾隨在後。在她的監視下，我從衣櫥拿了件褲子，兩件汗衫，一些孩子的衣服、痱子粉和尿布。把這些裝進袋子後，我又假口說要去廚房拿奶粉。「那快點！」她催促著。

看到她沒有跟來，正中我下懷。她忙著跟同事聊天，我就趁機溜進廚房。一把拿了那只戒指，以迅雷不及掩耳的速度放進褲袋中。然後再打開廚房所有的櫥櫃，假裝在找奶粉。

「還要多久？」兩名公安問道，他們已經跟過來了。

「找不到奶粉……」

「那算你運氣不好！」他們道。「那我們就走了吧。」

我裝出一副失望的樣子，內心裡卻為自己的小詭計沒被人發現暗自得意。這樣萬一再也見不到他們，至少將來還有一樣東西可以懷念爸媽。

我們在且末要再待兩天才能搭到班機。這段期間我們就住在警局。因為我沒有護照，這是唯一的辦法。在沒有身分證明的情況下，城裡不會有旅館讓我入住。

我花了一點時間，才明白沒有國籍是什麼情況。我雖然重獲自由，同時也失去了法律保護。當局現在把我當作是外國人，但卻是一個沒有身分證件的外國人。我確信，要不是瑪穆德和阿特－塔伯里先生一直在我身邊照應著，他們可能又要把我抓進去了。

在前往機場的途中，一共有八名公安一路隨同。一輛警車在前，另一輛在後。我緊張地一直捏瑪穆德的手，因為我真的很怕到半路上他們又會要求我們折回。這時我才發現，這三次的集中營監禁已經讓我變成多疑的驚弓之鳥，我再也無法信任人了。

到了機場，都還沒踏進大門，機場維安人員就立刻攔住我們，帶我們到單獨的房間。我開始冒汗了。「你可千萬別讓我們走失了。」我求瑪穆德。

「別擔心。他們只是要拍個照。」

「萬一是陷阱呢？」

「不會有事的。」他安撫我。

瑪穆德牽著我的手，輕輕地推著我跟他一起走。阿特－塔伯里先生也一邊跟我講話讓我安心。而果然，那些官員真的只是照相：先是分別幫瑪穆德和我還有兩個孩子拍，之後則是多張合照。之後就讓我們離開，前往走道。沒多久後，我們就搭上前往烏魯木齊的班機。總算起飛了。

在經歷了漫長又疲累的一天後，抵達了北京。但是到了這邊又遇到問題，因為我們訂不到飯店。埃及大使只好睜隻眼閉隻眼，通融我們在他的客房過夜。大使派了輛專車來機場接我們，直接把我們帶往大使官邸，那是棟藏在高牆後、佇立於大都會區的房子。經過官邸大門時我鬆了一口氣：我們踏上埃及的領土了。

當我陷進瑪穆德身邊芳香四溢的白色枕頭，聽著雙胞胎在一旁嬰兒床上累壞了的酣聲時，我真的不敢相信自己能如此幸運。這原本是尋常人家最「平常」不過的生活，對我而言，卻有如最不真實的奢侈一般。就像是天上掉下來的禮物。

「你把我救出來了。」我低聲在瑪穆德耳邊說。「我萬萬沒想到，你會來。」

「這是當然的啊！我一直在想盡辦法要找到你！」

接著他告訴我，在他回埃及後就立刻展開行動尋找我們。「我聯絡不到你後，我真的擔心極了。」他告訴我。「我知道這情形於法無據，所以立刻就重新申請了一本護照。」接著他和國際人權組織的人談論新疆的狀況後，確定了自己的不祥預感。

在那之後瑪穆德就不斷和中國駐埃及大使館溝通，希望能獲得許可前往中國。他打算先飛往北京，如果到了以後不准許飛往新疆，他就一個人搭車去新疆。但開羅的中國大使館一再拒絕他，就連他以三個孩子都還在中國為由提出申請，也一再被駁回。

最後他只好向埃及外交部請願。他向外交官員出示我們的結婚證書，以及三胞胎的出生證明，所幸這些當時都留在開羅。「我的孩子是埃及公民。」他主張：「埃及政府不能任由其在國外失蹤。我有權前往孩子所在的地方。」

他中間一度放棄希望，返回杜拜自己工作的地方。但有天他接到埃及外交部從開羅打來的一通電話。外交部官員要他立刻出發前往北京。「在與北京經過冗長的交涉後，已經取得對方同意，允許你的孩子出境。」對方道。「請您訂班機前往，並立刻前去接孩子。」

瑪穆德毫不遲疑著手安排。「我把杜拜的新工作全丟下，立刻飛過來見你們。」他道。

我親了他。「我還以為你早就把我給忘了。」

「你是孩子們的母親。我怎可能忘了你？」

「不論如何，我很感謝你。」

「我是你的先生。我所做的，都是份內之事。」他不以為意。

儘管這一夜在埃及駐華大使官邸客房中，我們得以安眠，但是離真正的平安卻還有很長一段路。問題在於，我沒有任何國家的護照，因此也無法離開中國。不論如何，我必須提出有效的旅遊文件才能離開。

具體來說，我又要再一次在北京和中國政府打交道。且末的公安在釋放文件上規定，我要向國家級公安報告。阿特－塔伯里先生陪我一同前往，因為埃及大使認為，讓我單獨前往太危險了。

果然，正如其所料，中國官員無所不用其極地不讓我拿到出境許可。「非常抱歉，我們不能處理。」這句話我聽了不下一次。

「但我需要一份足以證明身分的文件。」

「這你早該想到的。不管怎樣，我們不能發給你護照。」

他們互相推托，都不願負責。我總共跑了五個政府機關，他們全都有話好說：只要我拿不到身分證明，那大使館就無法核發我護照，就不能前往埃及。而另一方面，我們又不可能無限期地待在大使官邸。他們一定要發身分證明給我。這件事沒有轉圜的餘地。

這樣往返多次，再加上埃及大使館一再施壓，他們終於同意發給我臨時文件。據這幾個機關所言，這份文件可以取代一般常用的身分證，同樣註記有我的出生日期、地點，以及我的新疆省出身。但是，這份文件的效期只有兩個月。因此我們一點時間都不能浪費。

黃昏時，瑪穆德就拜託在杜拜的朋友幫我們買機票。因為我們手邊沒有電腦。而且瑪穆德的手機使用當地電話卡，只能在中國國內使用，無法上全球網路系統。瑪穆德自己急著要回杜拜，因為他跟公司請的假已經逾期很久了。最後那位朋友幫我們訂到隔天的埃及航空班機。

隔天一早，我們早早就把僅有的幾件行李打包，一起搭了計程車前往機場。在車程中，我不斷緊張地看後照鏡。有人在跟蹤我們嗎？在那擁擠的街上，我並沒有看到有人在跟蹤。在將近一個鐘頭的車程後，我們抵達了機場。我看了一眼時間，知道時間還來得及，畢竟我們提前出發。

接著排隊通過安檢。二十分鐘後終於輪到我們。檢查護照的機場官員看了一眼我的臨時證件。「這是什麼？你打算用這個登機嗎？」他問我。「我沒看過這種東西！」

「是啊，就是這個！上面說這相當於正規的護照。」為了證明給他看，我把證明中埃及大使館所核發的簽證給他看。

但他還是不相信。「埃及政府承認這份證明，那是你們的事。跟我們無關。」

「但這是由政府單位核發的官方文件啊！」

「你們政府允許你使用該文件旅行，並不能證明任何事。」他反駁我。

海關人員這時已經查到我的身分證上載明我的故鄉是新疆。這下事情更複雜了。他要我出列，以免後面的人被我和我家人耽誤到。接著他向一名同事招手，請他來幫忙。他看了一眼我的臨時身分證明，然後就把它送往另一個地方。

「我應該可以憑這份文件出國的。」我反駁道。「上面跟我確認過。你們可以致電當局，跟他們查證。」我腦海中還想講：拜託快點，不然我們就要錯過班機了。

但那兩人理也不理我。其中一人正在打電話，他說了好多次「是」、「是」，「我瞭解」然後又不斷用不信任的眼神打量我。接著他又帶我到一間單獨的房間，裡頭有另一個特別單位的官員。他們盤問得很仔細。他們說，我的「案子」還沒完全被通過。我慌張起來。這有種說不出來的熟悉感。

瑪穆德一直在我身邊。他很快也感覺到，這些海關人員又在對我玩把戲。「你們明明都看到我太太有簽證的。」他跟他們打交道。「為什麼你們不讓她出國？」

「因為我們要先檢查她的案子。」那種口吻非常官腔，一副他們都是按規定行事的口氣。

「那要多久？我們半個小時內要到登機口。」

他們聳聳肩膀，一副不關他們事的樣子。「您可以準時過去。」他們對瑪穆德說，「您的文件沒有問題。還有孩子也可以出國。您還有充分時間……」

「沒有我太太我們不走。」瑪穆德怒斥。

「那是您自己的決定。」

這時我和瑪穆德快速地交換了眼神，眼神意味深長。我們都懂了這事會如何發展：這些官員接到高層命令，要把我扣留在中國。他們所謂的「檢查」，其實目的就在此。他們要盡量拖時間，拖到班機等不到我先行起飛為止。而對於瑪穆德，他們則恨不得他趕快走。

到後來他們甚至還想拿錢打發他走。

「米日古麗反正是走不了了。」一名官員對他說得很明白。「你能拿她怎麼辦？你現在帶著兩個孩子走，你可以賺一大筆錢，好好過自己的日子。這筆錢你拿去，改天還能再娶個老婆。你好好考慮考慮。」

瑪穆德一臉不可置信地看著他。然後就慢慢地搖起頭來。

「你真是死腦筋。」這名官員道，「為什麼要死繞著這事打轉呢？」

那天最後，我和瑪穆德又折回埃及大使館。跟這些海關官員打交道真的把我們累壞了；孩子們也受不了，開始大哭。那可真是沉重的打擊。更糟的是，這下子，我們不知道還能夠做什麼了。

就連埃及駐華大使也無計可施。「你們都已經拿到有效文件和機票了。」他道。「照理他們應該放行的。」

「是啊，理論上是如此。」瑪穆德答。「但要是他們每次都這樣在小地方上做文章，讓我們來不及登機，那我很快就要破產了。」

「不過你還是要再試試。」

結果我們前後試了四次。瑪穆德的朋友為我們訂了四次從北京飛往開羅的班機，我們四度前往機場。前三次飛機都沒等到我們就起飛。到了第四次時，一開始也似乎無法成行。因為對機場官員而言我具有危險性：凡是像我這樣，曾經因為宗教理由遭受虐待的人都不得出國，而且一定要通報上級。這也讓瑪穆德要付出的金額代價越來越高。但他們想都沒想到，瑪穆德竟然咬著牙硬是不放棄。正因為瑪穆德不屈不撓的毅力，才讓我得以倖免於難。因為，要是他就這麼拋下我不顧，那中國官員肯定會不依法律程序就快快將我處理掉。

即使我們一家人已經被允許搭機，到了機場報到櫃台了，我都還覺得他們一定會再找別的藉口抓我，把我送回集中營。擴音機每廣播一次，我的心就揪動一次。但瑪穆德一直緊抓著我的手，不斷安慰我。「別擔心，米日古麗。」他道：「神會保佑我們。你難道沒看出來嗎？你能從監獄獲釋，這可是多了不起的奇蹟。我們不會有事的，因為祂的手一直在保護著你。」

他說的沒錯。我們就這樣一人抱著一個孩子，步上了登機坪，走進了機艙。短短十小時後，我們來到了一個全新的世界。我們逃出來了。

第11章 流亡人在埃及

飛抵開羅時，天剛發白。四月的驕陽已經灑下怡人的暖意，我們搭上計程車前往市中心區，整個開羅市沉浸在一片粉紅色光暈中。瑪穆德並沒有告知他爸媽我們已經抵達。因為，在嘗試離開中國之事一波多折後，他想要等真的確定能成行再說。

但我們現在終於到了，在他爸媽鄰尼羅河港邊的小公寓前按著門鈴。當我的埃及婆婆一打開門，看到兒子、我、兩個孫兒站在門前時真是開心不已。她先是緊緊擁抱兒子和我，然後就把孫兒一把拉過來，朝臉上不斷地親吻。兩個孩子一臉不知所措的樣子，還想躲到我後面。但她可不願意放過他們。她開心到聲量嚇人。

「媽媽，冷靜一點。」瑪穆德給她踩煞車。但她完全克制不住自己。

「感謝阿拉！你們能回來，我真的好高興，好開心。」她不停地說著，笑了又哭，哭了又笑，激動不已。「可憐的孩子們，你們受了多少苦啊！」

「先讓他們進去吧，媽媽！」

「我等你們好久了！每天我都為你們祈禱！」

現在輪到兩個孩子也跟著哭了，他們不只是被旅途累壞了，也因為一名陌生女士的古怪舉動，弄得他們一頭霧水。「你看看，被你弄的。」她兒子抱怨著。

但他的抱怨卻只是換來她更多的親吻。

在激動情緒之後，婆婆把我們推進客廳。讓我們跟瑪穆德爸爸一起坐在地板墊子上，她自己則跑進廚房去泡茶，然後又把家中臨時能找到的所有甜點和零食都端來。她把各式糕點、椰棗、開心果、橘子和瓜果堆在我們面前。「快吃啊！你們一定餓壞了吧。快拿去吃！」她不斷催促我們。

我暗自慶幸，瑪穆德的爸媽完全沒有提及我爸爸對他的排斥，當年爸爸可是一心只願接受維吾爾人當女婿的。除了多年前那次非常不愉快的兩家聚會外，這是我第二次見到瑪穆德爸媽。他一直告訴他們，我們兩個始終是訂婚狀態，只要等我生下孩子、完成返鄉探親之旅後，就要舉行盛大的婚禮。所以在他們眼中，我一直是瑪穆德的新娘，在我不在的這段期間，他們還存錢要為我準備結婚用的金飾。

瑪穆德的爸媽都是非常親切的人。尤其是他媽媽對我更是疼愛有加，就好像我是她親生女兒一樣。她知道我一路上很累，還幫我按摩頭部。「真的很不好意思，讓你受了這麼多苦，親愛的孩子。」她對我說，「但現在一切都過去了。你可以放心休息，好好把力氣養回來。」她把我們全安頓在瑪穆德小時候的房間，然後就催促我去那邊躺著，要睡多久就睡多久。「什麼都別做，親愛的。其他人我來照顧。」她要我放心。這麼慈祥的母愛，我從孩提時代以來已經很久沒有感受過了，這讓我莫明地感到安心。來到埃及的頭幾天，我因此得以充分休息、睡覺、打盹。

被囚禁在集中營讓我的身體和心理都被掏空。但受罪的人不只我，兩個孩子也一樣狀態不佳。他們在被囚禁後，也留下許多嚴重的後遺症。莫亞茲尤其深受其害：因為他肺部的問題，他必須戴氧氣罩睡覺。但集中營沒給他氧氣罩，造成他現在不斷咳嗽，還有呼吸短促的問題。晚上睡覺時總會醒來好多次，因為肺部吸不到足夠的氧氣。

兩個孩子一開始連吃飯都有困難。不管吃什麼，尤其是煮過的菜餚，都一定會吐出來。這讓我非常絕望，因為他們都已經瘦成那樣了。要是什麼都吃不下，那要怎麼胖回來呢？婆婆很瞭解這種問題，所以第二天馬上給他們準備清淡的食物：兩匙的飯，或是小片的麵包，對他們而言，這比精緻的菜餚更容易下嚥。「他們被餓到了，所以要讓他們慢慢習慣進食。」瑪穆德媽媽這麼對我說。

孩子們胃口倒是有的。只要沒人注意，他們會溜進廚房，拿些麵包或是其他吃的。但他們不會立刻吃，而是藏在自己床上。等到他們覺得旁邊沒人時，才會把這些戰利品拿出來享用。一旦被我撞見，他們會馬上跳起來跑開。他們深怕我會把他們手上的麵包，或是任何正在吃的東西給沒收。不管我跟他們說了幾遍，他們想吃多少就儘管吃，莫亞茲和艾蓮娜還是會固執地藏東西吃。

即使是對我，他們都感到恐懼。被囚禁時，他們一定有過什麼不好的遭遇。當我從正面朝他們接近時，他們會閃躲，好像覺得一定會被打那樣。這看得我好心疼，他們連自己的母親都無法信任，竟然會覺得我想傷害他們。「你們在怕什麼呢？」我問他們。「是誰傷害過你們嗎？媽媽絕對不會這樣！」

和他們溝通也很困難。集中營造成他們失去大部分語言表達的能力。在之前，他們和我多半是用維吾爾語交談，但現在他們的字彙都喪失了。跟他們說話時，他們大半時候只是呆呆的看著我不說話。有時候則會吐出幾個漢語字詞。比如，有次莫亞茲就突然問我：「ni how ma」，漢語的「你好嗎」。之後他又說「啦啦啦」打他。「啦啦啦」是漢人的孩子話。

知道孩子不在我身邊時受過了那麼多苦後，真的讓我非常不捨。因此那段期間，我變得非常敏感。這也拖累了我那可憐的婆婆，她可是盡一切努力想讓我舒服自在。她感受得到我的悲傷，所以經常誇獎我，好讓我安心。「你那麼瘦小嬌弱，不像我們埃及婦女這麼粗枝大葉、大剌剌的。」她會這麼說。「你是我從來沒有過的女兒。」

她的疼愛有時會讓我受寵若驚。這時我就會暗示瑪穆德，希望她不要再做這麼多了。「她剛剛說什麼？」婆婆這時就會問他。

「沒什麼。她只是說你那條頭巾上頭的銀色繡花好漂亮。」

「啊，真的嗎？」然後為了讓我更快樂，她立刻把頭巾摘下來戴我頭上。「那就給你吧！」她道。「送給你！」

「不用啦，這我不能收。」我回絕她。但她卻堅持要送我，我也只好默默收下，謝謝她的好意。

「她只是要你好。你就接受她的好意吧。」瑪穆德事後會這麼對我說。這真的讓我暖心。要不是他和他爸媽，我是不可能撐過這段黑暗時光，肯定早就被憂鬱低潮所吞沒。

可惜瑪穆德不能再多陪我們一陣子。他要回杜拜公司上班，對方原本只讓他請一個禮拜假。現在他已經四個禮拜沒回公司了，老闆寫信來的口氣也都很差。所以他得趕緊回去。

「你先在爸媽家休養一陣子，我回那邊把事情處理好。」瑪穆德對我說。也只能這樣，因為這邊開銷很大，他那份收入對我們一家很重要。所以在我們才抵達開羅沒幾天後，我就鼓勵他趕緊回杜拜去工作。「我一安頓好，就接你們過來。或者在開羅這裡再開一家店，這樣我們一家子就可以團聚。」他跟我保證。

瑪穆德的爸媽則是一再催促我們，趕快把提了好多年的婚禮辦一辦。他們希望最好能在瑪穆德出發前辦好，可惜時間不夠籌辦。但為了一圓他們的心願，我們還是拍了張婚紗照，穿上婚紗和西裝，就像正式辦過婚禮一樣。通常這類照片是要擺在婚禮會場迎賓用的，公婆則把它擺在自家客廳櫥櫃上。他們這麼重視它，讓我很高興，看著照片就很開心。而對於家中訪客而言，這讓他們知道我們是名正言順的夫妻，只差還沒盛大辦婚禮而已。

瑪穆德啟程前往工作地點後，我在他父母家的生活照常進行，這時生活重心就成了兩個孩子以及他們的健康問題了。頭幾天他都沒和我們聯絡。原本大家都不以為意，以為瑪穆德剛回到公司，肯定有很多事要處理，沒空和我們聯絡，我這麼想。

但過了快一個禮拜後，我開始不安。尤其是連我在手機上給他的訊息都沒回，更讓我擔心。瑪穆德在出發前，曾幫我跟一家埃及的手機通訊服務公司辦了電話卡，好讓我們能保持聯繫。但連在這上面他也不回我！會不會發生什麼事了？

於是我撥了他朋友的電話，那位朋友是同樣在杜拜工作的埃及人。他的號碼是瑪穆德為防萬一，特別告訴我的。這位朋友一接電話就知道是我。「米日古麗。」他道，「我聽說好多關於你的事！」

「我聯絡不上瑪穆德。很擔心。」我告訴他。

「是啊，這個呢……別擔心。」他的聲音讓我覺得事情不妙。「瑪穆德只是這段時間無法接電話，因為他，這個……在警察局。」

「警察局？」我開始慌了。「他去那裡做什麼？他發生什麼事了？」

「他，這個……抵達杜拜後，就被捕了，至今還在拘禁中。被他的公司控告，因為他未獲允許就擅離職守過久。公司指稱，他是利用這個工作取得杜拜簽證！」

「這根本不是真的！」

「是啊，但杜拜就是這樣！這邊公司對員工掌握很大權力，跟外國不一樣。」

這真是讓人難以置信，畢竟這可是杜拜不是中國啊。難道杜拜跟中國一樣專橫獨裁嗎？還是這件事和中國有關？我記得，中國和杜拜有很多生意往來，有可能可以影響杜拜。或許是中國在背後作梗的。

「但就像我剛才說的，不用擔心。」那名埃及人在電話另一頭一直向我保證。

「他肯定很快就會重獲自由。畢竟他沒有做什麼犯法的事……」

我當初在中國也一樣沒做什麼犯法的事，卻入獄了啊，我心想。要是瑪穆德也遭遇了跟我一樣的命運呢？我開始哭了。

「欸，可別哭！事情很快就會好轉的。不管有什麼事，我都會讓你知道。」

「謝謝，你人真好。」

掛斷電話後，我想了想，該不該把這消息告訴我的公婆。但是我覺得好像是我造成的，瑪穆德是因為我才惹上麻煩的。因此我暫時不要說的好。

過了沒多久，他自己打來了。他已經回到他朋友的地方。「都沒事了，米日古麗。」他很開心地說。他對我說，他公司的老闆是因為對於他缺勤不悅，所以才會對當局舉報他。也因此警方才會在他一抵達杜拜時就逮捕他。他現在已經失業，正在與前僱主進行訴訟。

我想了一會兒。這不算是好消息，但也表示瑪穆德現在已經和杜拜沒關聯了。他大可以回到開羅來，和我一同重新開始。「那你什麼時候回來？」我問他。

「事情沒這麼簡單。」

「為什麼？」

「警方把我的護照沒收了。」

「憑什麼？」

「只要僱主和我的案子沒有結束，我就不能離開當地。」我聽了一驚。「真是抱歉……」

這是否表示，我不禁想道：神這是在開我們兩個大玩笑嗎？在我們經歷了那麼大的事件後，又來這一下？現在，正是我最需要瑪穆德的時候，神怎麼可以又讓我們分隔兩地！

但這就是現實情況。瑪穆德被扣留在杜拜，以沒有護照的身分等候進一步發展。而我則身在開羅，也跟他一樣，沒有正式的身分證明。

這下不管我願不願意，都得跟他爸媽全盤托出了。「要等到司法程序結束，瑪穆德才能回國。」我向公公報告，對他而言，這無異是一樁不小的災難，因為沒有了工作，他兒子就沒有薪水，也就不能供養我們母子三人。因為我公公和我婆婆只靠微薄的退休金度日。「他的公寓也被查封了。」他說。

「我們要有耐心。神會保佑我們的。」虔誠信教的公公這麼說。但我感覺，就連他也有不祥的預感了。我們兩人心裡都在擔心：他的遭遇於法有據嗎？還是事情就是針對我而來的呢？畢竟，中國政府的影響力可是非同小可。

「我們要儘快幫你弄好居留證，並幫你申請身分證。」公公這麼說。「不讓他們……」他話到嘴邊又吞了回去。但我已經懂他意思了。

「不讓他們把我遞解回中國。」我幫他說完。我打背脊一陣涼，這個可能性是有的。

所以我前往戶政事務所。我給行政官員看我那份以中文寫的入境文件，還有我的結婚證書，還好瑪穆德留在爸媽家裡。「我想要申請身分證。」我對一位很精明的老先生說，他先看了我一眼後，又看了文件一眼。

「但你是外國人啊！」

「是啊，但我和埃及人結了婚。」我指著結婚證書道。那紙結婚證書現在已經皺皺的，又泛黃，但還是有法律效力。

「那你先生現在人在哪？」

「他在國外。」

「但要他在啊。」

「他沒辦法來。難道結婚證書不夠嗎？」

「你先生一定要親自到。」

我想了一下。「那他父親可以嗎？可以由他父親背書嗎？」

那名官員嘴巴碎念了一下。「那可多虧是我承辦。」他終於說。「下次，帶你公公一起來，另外也請帶一份護照的翻譯本來。」

這次的初探後，我開始對於未來感到稍微樂觀。下一次再到那個機關時，就照他的要求帶著公公同行，並且也攜帶了正式的暫時出境文件翻譯，連其中的簽證也一併附上。

「嗯。」那名官員看著那些文件時一邊說。「所以你是從新疆來的。那邊不是很難出來嗎？」他皺眉道。「還有，這文件只有兩個月的效力。差一點要過期了……」

我有種預感，這對話再繼續下去事情會很不樂觀。「是的，我瞭解。」我對他說。「您說的很對，現在要從新疆出來真的不容易。因此我很慶幸能夠來到這裡。」

「但一旦你的身分證過期，那等於你的簽證也要跟著過期了。」

「我不這麼認為。」

「不論怎樣，我還是要先確定。」官員道。「我很驚訝他們居然讓你憑這個就入境。」

從這以後，埃及有關單位就展開了一連串嚴密的調查。一周後，我接到一通海關警方的電話。電話那頭的女官員問了我離開中國的相關問題。「他們是怎麼允許您從新疆省出國的。」她想要知道。「為什麼您持有的不是一般的中國護照？這份臨時文件又是誰批准的？」

聽到我給她的答案後，顯然反而讓她更加好奇。一個禮拜後，我又接到一通電話，這次是另一個單位打來的，他們負責人口走私。

「我是合法入境的！」我對電話裡那位官員確認。

「但您的文件並不對勁啊。」

您怎敢講這話，我心想。「我們是在很緊急的狀況下出國的。要是您不相信的話，去問埃及駐華大使館。」

「必要的話我們都會去詢問。」他向我確認。「我也必須請您過來一趟。下禮拜可以嗎？同時也請空出一些時間給我們，因為事情似乎有點複雜。」

我的心情一下跌落谷底。前往警局報到，讓我想起在且末的殘酷遭遇。突然間又回想起那許多次的審訊，受到過的種種苦楚。要是中方這次又給埃及政府施壓，要將我遞解出境呢？可能當我從開羅的監禁室中走出來時，已經成為階下囚，然後被送回且末的牢房去。這讓我在內心吶喊著：不要！不要再來一遍了！別到警局去！

所以我刻意錯過了前往警局報到的時間，反之我在臉書上弄了個假帳號，開始尋找跟我一樣在國外的維吾爾人。我的打算是，或許他們遭遇過這樣的事件，那就可以給我些意見。就這樣，我接觸到一些民運份子。同時也找到一位女記者，她曾經為自由亞洲電台（Radio Free Asia）採訪過多位維吾爾人。她告訴我新疆淒慘的狀況。總算找到一位瞭解我處境的人，或許她可以給我些建議。所以我就透過臉書Messenger功能，發了一封訊息給她。

我緊張地等待著，不知她是否會回覆我。但卻音訊全無。或許她不常上臉書，或者對我的事不感興趣，或者她基本上就不會回這類訊息。因為上頭我寫了自己在埃及的電話號碼，她照理應該也可以用電話回覆的。十天後我接到一通我不認識的人打來的電話。

「哈囉？」我道。

「米日古麗！」我認出了爸爸的聲音。我如同遭到雷擊一樣，萬萬沒料到這件事。我當然很高興能聽到他的聲音。但我也非常震驚，他怎會有我埃及的電話號碼？

「爸爸！」我完全講不出話來。

他二話不說切入正題。「米日古麗，我們知道你人在哪裡。」他非常嚴肅地說。「你在埃及做什麼呢？中國才是你的祖國……」

我馬上知道，他身邊有別人在。肯定是有漢人官員在他旁邊逼他講這些話的。

「你在家裡還是外面？」我問他。

「你講這什麼傻話呢？」

「你懂我意思的。」

「總之，我們沒事。不會有人傷害你的。」他繼續說下去。「別再說那些傻話了。快回來！難道你想毀掉我們整個家族嗎？你可知道，我們有多少人因為你而惹上麻煩嗎？」

然後電話就斷了，但他最後這句話重擊了我的心。是啊，我自問：我在這裡做什麼呢？我這離經叛道的行為難道還不夠嗎？我把整個家族都拖下水了。或許我真的該回中國去，向當局自首。這樣至少能讓爸媽免於再受到傷害。

我這才注意到，和爸爸那通電話已經對我的心理產生作用，讓我落入中國當局的心戰陷阱了。它讓我質疑自己的作為，並產生價值混淆。沒想到，即使在遠離中國監獄數千公里遠的地方，它操控人民的鐵腕依然能夠影響到我。我一定要保護好自己，不要再落入中共的陷阱中。現在的我，絕對不能軟弱！

當我再次打開臉書Messenger時，那位女記者回覆了。「嘿，米日古麗，我們聊聊吧！我想瞭解你的遭遇。」她這麼寫道。

隔天我們就聊了起來。透過一通很長的通話，我把自己在新疆集中營的悲慘故事，以及目前在埃及所遭遇的困境都告訴她。「我相信現在中國又要來抓我了。」我告訴她。

「這是一定的。」她道：「你告訴我許多爆炸性的內幕。這些他們在集中營所從事的惡行，外界向來無從得知。這都是國家級的機密。」

儘管出自她的口中，但我心裡清楚，所謂的國家機密並不是誇張之詞，我也知道中國政府不計一切代價想掩蓋這件事。中國政府在維吾爾人家鄉對維族人所做的事，他們會想盡辦法不讓外界得知。但我，米日古麗．圖爾蓀正好就可以讓外界得知這件事。這讓我第一次感覺到，我的遭遇成為一種力量。我不僅能夠把這些講出來，也有這個責任，讓外界知道中國政府對我族人犯下多麼不人道的罪行。是那些在擁擠集中營中受苦的人們，要求我為他們這麼做的。我雖逃了出來，但我無法忘記那許多囚禁在家鄉的族人。我在心中下了一個決定。

「我希望你將這些公開。」我對那位女記者道。「將我對你說的一切公諸於世。」

「我正想如此。」她道。「但我覺得發表後，你再待在埃及並不安全。」

「我也是這麼覺得。他們已經知道我的所在了。」

我拜託她，至少把我講的話錄下來。這樣萬一要是我發生了什麼事，或是被遣送回國，至少她還保留了我的錄音做為指控證據。這是我欠那些受苦的獄友和死去的長子的。「要是我突然失蹤了，你就將這些公諸於世。」我對她說。

這之後我有一陣子沒聽到她的消息。但卻總是會接到警方的電話，要求我前去接受偵訊。「您務必要親自到場。我們已經跟中國政府取得聯繫。」他們說。我又約了好多次報到的時間，卻從來沒有現身。但再爽約下去可不行。之後我接到一通不認識號碼的電話，我一直在想該不該接；通常這類來電都不會是好事，但我還是接了。

「請問接電話的人是米日古麗．圖爾蓀嗎？」一名女性用有口音的阿拉伯語問道。

「是的，哪位？」我小心翼翼地回答。

「我是美國大使館的珍妮佛。」她告訴我，她從一名女記者那邊得到我的號碼，並說要和我見面。我立刻就瞭解，她有事不想在電話上談。「今天下午四點，到港邊的麥當勞？」那離我住處只有兩條街。顯然她也知道我住哪了。小心，米日古麗，內心有個聲音提醒我：這可能是個陷阱。但也可能是個轉機。

「好，可以，沒問題。」我答。

當天下午我把孩子交給婆婆照顧，然後就朝她說的麥當勞出發。我沒有花多少時間找。珍妮佛已經說過，她會坐在外面，穿著藍色外套。她的淡金色頭髮以及仔細吹整的娃娃頭，我立刻就認出她來了，同桌還有另兩位女士。

「嗨，我是珍妮佛。」她跟我打招呼，與我握手。「謝謝您前來。」

她已經幫大家先點了可樂，並向我介紹同桌另外兩位女士：其中一位是美國人，她是珍妮佛在美國大使館的同事。另一位則是埃及人，是這兩位請來的翻譯。珍妮佛顯然是這兩人的主管，立刻就切入正題。「我們聽說你是從新疆出來的，在那邊有過很沉痛的經歷。」她對我說。

我點點頭。我不自主地看了四周，想知道哪裡有監視器會照到我們，或是有人拿著相機在拍照？在且末接受審訊時，他們不斷拿我在埃及被拍到的照片做為證據，讓我不由地擔心中國政府的耳目無所不在。我是深受其害、第一手的經歷學到的教訓，因此這次會談從一開始就格外謹慎。我下意識裡不自覺地感到，我在這邊講的每件事情都會被中國政府錄音，做為日後對付我的證據。

因此我始終只回答「是」和「不是」。

「你是不是覺得跟我們見面不太放心？」珍妮佛問得很直接。「和我們說話會讓你不自在嗎？」

「倒還好！」我指出。「只是……我們能不能邊走邊聊？」

這麼一說她也開始不安地看著四周。「當然可以。」他說，「我們早該這樣做了。」

我們沿著港口散步。珍妮佛跟我解釋美國政府正要深入瞭解維吾爾人的問題，但目前卻苦於無法得知當地的現況，因此她才會找上我。「我們的官員想要有依據好下判斷，他們要決定未來美國該怎麼和中國打交道。」她為我解釋。「因此他們想要瞭解中國政府怎麼對待維吾爾人，這很重要。」

這完全出乎我意料之外。我不能理解，為什麼會有一個國家關心我們維族人的遭遇，又在乎中國政府如何對待我們。但有人在乎我們的生死，終究讓我感到慶幸。

「你願意到美國國會聽證會以證人身分作證嗎？」珍妮佛問我。

我不懂什麼是國會，聽起來好像是個論壇。但對我而言，那是什麼並不重要。我想做的是讓全世界都知道，中國政府對我族人所施加的違反人性暴行。他們對我、對我孩子，以及對其他維族人的暴行，這些事一定要公諸於世。只要有人願意聽，我就一定要去講。「沒問題。」我說。

「美國會以政治庇護為回報。這樣你就不會因為作證而惹上麻煩。」珍妮佛道。

「真的嗎？那表示我之後可以到美國住嗎？」

「是這樣沒錯。」

我高興到無言以對。神又一次聽到我在絕望中的祈禱了嗎？「謝謝。」我低聲感謝。

「今天以後最好別再走出家門。」她建議我。「打包好行李，等候我來電通知。」

三天後，珍妮佛搭了輛從大使館來的車，停在我家門口接我。

第12章 新生活，舊恐懼

我沒有衣服可以穿。珍妮佛來到我在華盛頓那個地下室住家，看到衣櫥裡僅有的那三套衣服時，她苦著一張臉。三套全都是黑色裙子和外袍，是我從埃及赴美時穿的，當時埃及還是夏天，在她看來都不合適。所以她只好帶我去買衣服。「你不能一身像烏鴉一樣黑漆漆地到處跑。」她說，「我們要把你打扮得像個商界人士一點。」

珍妮佛把我和孩子從開羅婆婆公公家接走，再把我們送進美國航空的商務艙，飛到華盛頓來，她也是我在這個全新家園的主要接洽管道。她是美國國務院的員工，特別被指派負責二〇一八年十一月我在國會聽證會作證的工作，也負責將我從埃及接到美國安置。我告知婆婆和公公這個安排時，他們也很能諒解，欣然同意。「你做的是對的事。」公公在我們出發前毫不保留地給我這番鼓勵。

我和珍妮佛一道前往購物中心。她幫我選了一件高雅、兩件式的套裝。我們還買了雙高跟鞋。當我站在鏡子前時，感覺自己就像是美國電視劇中的女律師一樣。但珍妮佛覺得這樣穿很合適。「你頭上要戴點什麼嗎？」她問我。我點點頭。所以我們就又去另一間店，在那裡買了條漂亮的絲質頭巾，採用和套裝不一樣的藍色，這樣可以強調我的伊斯蘭身分。當珍妮佛看到我的新造型後，她非常滿意。「你真好看！」她道：「那後天一切就沒問題了。」

兩天後就是重要的登場時刻。我們為了這場國會聽證會準備了將近兩個月。過程中，珍妮佛請了位翻譯，將我在集中營中的遭遇、細節，都充分記錄下來，並且查對種種事實。她和同事經常會追問更多問題。最後他們幫我從所有的報告中彙整出一份精簡的證詞。

這份證詞以英文和維吾爾語並陳，我帶著兩個孩子來到珍妮佛的辦公室裡，一遍又一遍地閱讀和檢查。我把獄卒刑求、虐待的方式講給她們聽，也告訴她們牢房中監視器擺放的角度。還有兩個孩子脖子上的割痕，這些都被一一記載於報告中。「所有細節都必須正確無誤才行。」珍妮佛不停要求，反覆跟我查證報告中的地名、人名是否正確。我拍板表示正確。看到所有東西都變成白紙黑字，心中有種奇怪的感覺。這也讓我感到一吐為快：終於能把自己的遭遇，以及我對中國集中營系統所知的一切都記錄下來了。沒錯，美國是相對上安全多了。但如今，就算我發生什麼事，至少留下了這份記錄，我心想。

這天的準備工作結束後，我跟孩子們一起搭計程車返家，途中我突然從後照鏡裡看到一對車頭燈。我有了警覺。這是巧合嗎？是有人想超車才一直跟在我們後面？還是有人在跟蹤我們？我先確定跟我同在後座的兩個孩子都繫上了安全帶。「可以開快點嗎？」我問司機。

「沒問題，女士。」司機道，他是位圍著頭巾的印度人，接著他就踩下油門。我們的車以將近一百英里的時速，在郊區高速公路上狂奔。後面那台車卻也一樣加速緊隨在後。

我的心差點跳到喉嚨。後面那輛車沒有要放棄的意思。我們的司機這時也注意到不對勁，於是緊催油門。情形還是一樣，那台車依然緊追在後。接著它還換到隔壁車道。他是想超車嗎？不是，他是想從旁邊貼過來。貼近到撞破了我們的後照鏡。

計程車司機大罵。「這王八蛋！我要舉報你！」他大吼。「女士，他想要逼車，我猜他是想逼我們停車……」

「拜託，不管怎樣，請你不要停車！」我求司機。孩子們已經因為害怕而哭了起來。這時對方已經超過我們，並試圖超車到我們前面。他想要切到我們這個車道。

我靈機一動，拿出手機，將對方車牌號碼拍了下來。是墨西哥車牌。這時，我們的司機看到右邊有條小巷，趁機轉進去。終於把對方甩開。

「天啊。」我深深吸了一口氣道。「謝謝你。你幹得太好了。」

「你認識那個男人嗎？」他問。

「不認識。」我老實告訴他。對方的司機有南美長相。「從沒見過他。」

我們沿著那條街全速前進，開了一陣子，直到確定已經完全甩開對方。這時司機停在聯邦調查局前，並將身分不明的對方提報給聯邦調查局。

「您覺得嫌犯可能會是誰？」首都華盛頓的美國國會警察（USCP）官員也這麼問我，他承接我們的案子。「會有人想對您不利嗎？」他這問題實在太異想天開，讓我都差點笑出來。有啊，就世界上第二大強國政府啊，我心裡這麼想。

我於是給那名官員看了我在車上拍的那車牌照片，請他查車牌。果然，他一查就查到了該車的車主。車主是位墨西哥移民，對方並沒有合法居留證，應該被遣送出境的。我深信，他應該是被人收買來擔任職業殺手的。

當天晚上我睡得很不好。跟艾蓮娜還有莫亞茲躺在床上時，三個人手牽著手。

我們常這樣做，好提醒彼此，我們並不孤單。他們覺得我在身邊，心情就平靜。我聽著他們規律的呼吸聲，試著在重要日子來臨前，讓自己不要想太多。但每當我被倦意席捲快要睡著時，就又立刻驚醒，覺得好像聽到了什麼聲音。是有人在屋外偷偷摸摸？還是有人在外頭想進屋裡？我不確定想傷害我的人知不知道我住的地方。但畢竟他知道我搭哪輛計程車。

隔天早上起床時我難掩疲態。拖著沉重腳步走到小廚房，給自己泡了一壺濃茶提振精神。一等精神好點，我把艾蓮娜和莫亞茲叫起來，給他們穿上最好的衣服。趁孩子們吃玉米片早餐時，我把珍妮佛幫我買的套裝穿上。時候到了，國務院派來的車已經來到家門口。司機載著我和孩子們來到華盛頓市中心，進入國會大廈。

以往我只在電視上看過國會大廈，但是當我們一同踏進這棟有著巨大拱頂、雄偉的白色石砌建築時，那對我是非常不同凡響的一刻。珍妮佛一名同事帶著我們進到一個房間，讓孩子們在那裡玩耍，好讓我能夠為等下的報告化妝。這時我變得非常興奮了。在開始前，我再一次確認，莫亞茲和艾蓮娜沒問題。「媽媽你要去哪兒？」他們問我。

「媽媽很快就回來。媽媽去買些糖果給大家。」我騙他們。就這樣我把他們留給保母照顧，因為政界人物都已經在等我了。

舉辦聽證會的大廳非常巨大，整個嵌上深色的木頭牆面。我沒想到那裡會來那麼多人，真的嚇了一跳。大約有三百名政界人物和媒體代表到場。最前方是舞台，在上頭則有椅子排成半圓形。我坐在其中一張椅子上，一旁則是我的翻譯。所有的記者把麥克風和攝影機堆到我前面。然後大廳頓時一片寂靜。我怯懦地不斷眨眼，聚光燈亮得我睜不開眼睛。

「謝謝您今天蒞臨，米日古麗．圖爾蓀。」一名政治人物跟我問好。但我不認識他。

我點點頭，謝謝他們的邀請。我的聲音透過擴音機迴盪在大廳中，那聲音聽起來有點沙啞。而且，我也不確定，在場的人是否聽懂我的英語。但我腦海中想的盡是：美國政府想知道，所以你來給答案。還好，一開始我並不用說話，只要聆聽，由翻譯負責把我的證詞念給大家聽。

我聽著她念，或者該說，聽著我的報告時，我面無表情。我覺得彷彿報告中的那些遭遇並不是我的遭遇一樣。報告中，那個經歷過這些慘無人道遭遇的人，真的是我嗎？我越來越覺得自己像是個旁觀者，好像是在看電影或是觀劇一樣。但是，當翻譯念到我在烏魯木齊醫院被告知兒子死訊那段時，我的懷中突然好像又抱到了孩子裹著毛毯的屍身。我情不自禁地落下了眼淚。這時我看著台下代表們，並在他們的臉上看到了驚懼。

在念完我的證詞後，那位開場致詞的政治人物說道：「我們聽過您的故事了，您的記錄文件也擺在我們桌上。但我們想多聽聽您親口所言。有沒有可能讓我們問您幾個問題呢？」

我點點頭。我當然樂於回答，這正是我此行的目的。但聽到第一個問題後，我卻變得非常緊張。我覺得非常不自在，因為這情形讓我回想到當年被漢人審訊時的情景。因此下意識裡，我一直覺得等下就會被人刑求，讓我遭受痛楚。要是我回答不出問題怎麼辦，這個擔憂不斷在我腦海中糾纏。我腦中頓時一片漆黑，再也無法回答他們的問題了。

「沒事吧，圖爾蓀女士？」那位政治人物問我。「要休息一下嗎？」

「不用。」我答道，然後開始告訴自己，這裡不是中國監獄裡的審訊，這些人不會加害於我。他們既不會刑求我，也不會將我關回牢中。他們只是想知道我的痛苦經歷。他們甚至可能可以幫我對抗加害於我的那個強大對手，並將之繩之以法。「我沒事，我們繼續。」我堅定地答道。

那些政界人士問了我好多問題。我有時用維吾爾語回答，有時用英語回答。就這樣聽證會前後進行了兩個鐘頭。之後我整個虛脫了，但卻非常滿足，因為這些有份量的人物得以透過我的口中，一窺族人受到何等難以想像的罪行侵犯。

但不能說我就因此感到幸福。「幸福」在我的生命中已經不再存在了。中國政府對我的暴行是那麼殘酷，奪走我為人母的喜悅，讓我不能體驗我的孩子躺在我懷中的感受，也不能陪伴在他們身邊。這樣的機會是怎樣都喚不回來的。而我自己也再也無法回到被監禁前那樣，感受到喜悅和無拘無束了。即使是這些有力的美國政治人物，他們也無法幫我喚回那些逝去的時光。還有我過世的兒子，以及不得不放棄的家庭。我一腔的恨意無處可宣洩。不管我做什麼，都無法彌補那些沉痛與悲傷的失落。那些刑求我的人，我也永遠不可能報復他們。到這一刻我才明白了這些。

後來我曾經和一名心理醫師談及此事。我告訴他，我很想將新疆恐怖的經驗抹除，或至少將之遺忘。「請給我一種藥物，讓我清空我的大腦。」我對他說。「這樣我就能夠重新過著自由自在的生活了。」可惜，世上並沒有這樣的藥物。我等於是被判了刑，這輩子要永遠背負著這慘痛暴行的回憶。

可嘆的是，在我兩個孩子身上也是同樣的情形。在國會聽證會後，我去接他們兩個，把事前答應他們的糖果拿給他們：在自動販賣機裡買的小熊軟糖和巧克力棒。「你們剛剛有乖嗎？」我問的時候，眼神主要都落在保母身上。因為我心知，兩個孩子有時很累人，尤其是面對不認識的人時更是如此。我不只一次發現，從他們的行為可以看出來，之前被監禁的事依然影響著他們。雖然已經逃出牢籠，但那牢獄之苦卻深深烙在他們的心靈和肉體上。

他們在陌生人面前很不自在，甚至還會躲陌生人。這種症狀其實就是之前在監獄中不好的經驗造成的。他們非常容易感到害怕。兩個人都非常怕動物，尤其是狗。在公園中要是遇到狗，他們就飛快跑開，因為狗讓他們想起我被逮捕那一晚的事。那次公安帶了好幾條很大、齜牙裂嘴的惡犬圍在我們床邊。這個經驗讓他們從此留下陰影，深深烙印在他們心裡。

每天晚上，莫亞茲一定要確定我在家裡。最好是我就睡在他旁邊，並且牽著他的手。我一沒這樣做，他就會跑出房間，查看我在不在家。他就是很害怕哪天又會再次失去我。

偶爾他的粗暴會嚇到我，但他明明向來很溫和。比如有次我們搭飛機，他發現我們後座是一對韓國來的夫婦。他們的眼睛很像漢族人，這讓他想起在集中營中的事。然後他就突然非常大聲又激動地對我說，他要痛揍那兩個「ni how」。原來他把漢語的「你好」當成是漢人的意思了。話才說完，他就突然從座位上跳起來，準備動手打人了。還好我及時按住他，阻止了他的行動。「你不能動不動就打陌生人，莫亞茲。」我訓斥他。「這是不對的。」他忿怒地嚎叫。

另一次，則是不久前發生的。我們在看街上的示威遊行，當時是在抗議中國對美發動的新一波貿易制裁。我不記得這制裁針對的是哪一項商品。但示威人群非常忿怒，因為不久北京就要針對他們的貨品課以重稅。他們高舉標語，大喊「中國滾回去」。這被莫亞茲聽到了，他非常喜歡。從此他嘴邊總是掛著這句口號。

結果隔天我去托兒所接他時，那邊的老師把我拉到一邊。「這樣不行啦。」她對我說。「您的兒子不能對其他小朋友政治洗腦……」

我一開始還不懂她說什麼。「莫亞茲犯了什麼錯嗎？」我直接問她。

「他命令其他小朋友排隊站好，然後命令他們喊政治口號。」

「什麼口號？」

「中國滾回去。」她狂搖頭，非常不贊同。我則是整張臉因羞愧而漲紅，但內心裡卻在無聲地啜泣。因為我想到莫亞茲是因為什麼樣的經驗變成這樣的。他在集中營時是否也跟我一樣，被要求排隊站好、呼口號？漢人的洗腦，是否連孩子們也不放過？

而在健康上，囚禁所造成的傷害，我們三個依然還沒辦法擺脫。女兒的眼睛有問題，要戴眼鏡，因為她已經是半盲了。因為她的眼睛不幸的未能及時接受矯正手術。兒子則依然有氧氣不足的問題，晚上睡覺時要戴上氧氣罩，這中間又接受了多次手術。

依據美國醫師的診斷，我在烏魯木齊接回兩個孩子時，在他們脖子上發現的切痕造成了莫亞茲傷口感染，之後形成肺部囊腫，因此讓他肺部吸氧量不足。他的鼻子也因為插管而受到傷害。而因為他缺氧，他的睪丸太小。除此之外，他也不能忍尿。所以有很長一段時間，夜裡我都還要給他包尿布，不然就會尿床。

在來到美國不久後，我本身也在精神科醫師的建議下，開始服用抗憂鬱藥物。這是因為中國那些恐怖經驗，引發了我的創傷後壓力症候群，進而導致憂鬱症。但最讓我過不去的則是被醫師告知，我已經不孕了。我實在很想再和瑪穆德生更多孩子。但我猜應該是在集中營中，他們強迫我服用的藥物所造成的。除此之外，我也出現了奇怪的皮膚紅疹，連醫師也無法解釋。

我最大的問題則是我的右耳，因為在集中營中遭到掌摑，造成血管破裂，現在會經常出血。我的耳朵一直會化膿而且疼痛，所以要每個禮拜接受清潔，這樣才能控制發炎狀況不致擴散到腦部。而其實，我應該要接受腦部手術的，但我沒有醫療保險可幫我支付這筆開銷。

過去三年我在美國的生活並不是很穩定。我和孩子因為願意出席國會聽證會發表證詞，而獲得美國居留權。二〇一八年十二月，我也因此獲頒人權獎「公民力量獎」（Citizen Power Award）。我很慶幸能夠在美國生活，還能因為講出自己的想法而獲獎。但是剛落腳定居的那段日子，卻著實不容易。前後一共搬了五次家，因為總是有人前來騷擾找碴。中國政府的魔掌竟然可以伸到華盛頓這麼遠的地方來，真的很恐怖。

例如，有一次我去購物中心幫孩子們買幾樣東西。在逛服飾店時，我注意到後頭一直有兩名中國人跟著。我原以為這只是巧合。你又在疑神疑鬼了，我暗自責罵自己。但是當我們轉到速食餐廳，要給孩子們買薯條吃時，這兩人又跟了進來，坐到了我們附近的位置上。並開始對著我們猛拍照。

我恐慌起來。莫亞茲和艾蓮娜也感覺到不對勁，在座位上侷促不安。該怎麼辦呢？我不能回家，因為會被他發現我們住哪兒。最後我只好在座位上打電話給聯邦調查局：我跟那邊的官員解釋當前的狀況，並告訴他，我覺得自己遭到那兩人跟蹤。沒多久調查局幹員就來了。經過調查局幹員比對這兩名跟蹤者的身分後發現，他們都是華盛頓中國大使館的工作人員。

儘管這次的危機得以化解，沒讓他們跟蹤我回家，但終究還是被他們知道了我的地址。有天夜裡，有人大聲敲我家門時，真的把我嚇壞了。這絕對不會是好事。孩子們這時已經被敲門聲吵醒，在床上嚇到不能動，不斷地問我，誰會這時來找我們。「媽媽也不知道。」我低聲跟他們說，盡量不讓自己顯露出恐懼，以免孩子察覺。「媽媽去看看。」

「不要走！」莫亞茲喊道。他和艾蓮娜把我的手緊緊抓住，不讓我離開。老實說，我還真是寧可跟他們在一起。但對方門一直敲個不停，所以我想就從門上窺視孔探一下，看看是誰在半夜騷擾我們。

「媽媽不開門。」我對孩子們保證。

我躡手躡腳地在黑暗中慢慢來到門口，從小洞看出去。門外那人肯定是注意到我過來了，他用手指把窺視孔堵住。我大氣不敢吐。因為他已經知道我在門後了。過了一會兒我依然維持不動，然後我又溜回床上去。

我緊貼著兩個孩子。「別怕。」我想安撫他們，但其實我自己都需要人安撫。這時敲門聲停了。但我還是納悶，那男人是否還在外頭？

突然間，我聽到附近有撞擊聲。孩子們尖叫了起來。這時一塊磚頭飛進我們臥室，把窗戶砸破了。外頭的冷風吹了進來。我怕得和孩子們摟在一起，整個人嚇到僵住，連撥打九一一電話都沒辦法。過了好一陣子身體恢復後，才打了電話。警察不到兩分鐘就到我家了。

「您一定得搬家了，女士。」聯邦調查局負責調查此案的官員給我建議。「這邊對您不再安全。」三天後，我們搬到了新住處，這是我們五次搬家中的第二次。

我們的新住處，這次就有聯邦調查局幹員協助建立安全防護措施。他們在前門、窗戶都裝設了監視器，錄影畫面都會傳送到家中臥室。這樣我在臥室就可以看到外面的狀況，一旦有緊急事件，就可以啟動警鈴。理想上是這樣。

沒想到，才搬進去沒多久，跟蹤我的人就用非常細膩的手法讓我知道，他們已經找到我了。首先，他們在門口刻了個十字。

接著他們又做得更明顯，在大門送報口裡摺了張紙條塞進來。「我們對你瞭如指掌，你吃什麼，住哪裡，你孩子上哪間幼稚園。」上面的中文字寫道。「以後你最好管好你的嘴巴。」

我讀到這紙條嚇到啞口無言，雙手不由自主落了下來。怎麼會這樣？明明屋外布滿監視器了，他們怎麼還能夠把它塞進我家呢？

我把字條拿給調查局幹員看，他們拿去化驗指紋。同時還檢查監視器拍到的畫面，但卻沒有拍到留字條的人。只拍到對方戴手套的手，將字條塞入送報口。

「對方利用了監視器的死角。」他的口氣半是嫌惡半是佩服對方專業。「這是內行人的行徑。」

我至今都沒能擺脫從舊家一路跟來的這夥人，但我幾乎已經習慣他們一次又一次地找到我了。最近我們社區搬來一名中國婦女。她非常愛國，只買中國商品。她會成為我的鄰居是巧合嗎？還是她是中國派來監視我的？我不知道。但我現在不再大驚小怪了，我要與恐懼共存。我下了決定，再也不讓任何人將我噤聲。

許多住在華盛頓的維吾爾人則不這麼想。他們深深畏懼中國的魔掌會伸及這裡，所以處處小心提防。他們因此都跟我保持非常遙遠的距離，因為他們知道我曾在國會聽證會作證，所以成為中國政府的黑名單。每當有維吾爾人相關活動，想批評中國境內維族現狀時，我總會獲邀前往登台發言。但如果是私人慶祝活動，像是婚禮之類的，他們就往往不邀請我。他們也不願和我合照，因為這類照片會被貼在臉書或Instagram上。要是我不小心出現在他們的照片中，我的臉就會被塗黑，這樣中國審查部門就不會認出我來。因為我是賣國賊。

他們會辯稱，之所以這麼小心，因為在新疆還有家人。「我們不能連累留在家鄉的人。」他們道。這讓我好難過，我不也一樣有家人在故鄉嗎？但這顯示，他們始終懼怕中國政府會採取報復手段。他們的內心依然沒有獲得自由。他們還是深受中國政府洗腦的影響，沒有人願意勇敢站出來。

要站出來，必須要有非常強大的內在。我自己也常常不夠堅強。因此我常要提醒自己，我肩負說出真相的重任，即使這麼做會讓我付出沉痛的代價。不然還有誰來做這些事呢？那些還留在家鄉的人，斷定是沒辦法的。

我爸媽同樣也無法這樣。我必須做好心理建設，他們有可能都被關進集中營，遭到刑求。他們只有在受到中國政府利用，想藉他們對我施壓時，才會和我聯絡。在埃及時，他們打給我兩次，要我回去，說是這樣才不會害更多家族親人遭到逮捕。我那位在且末擔任公安的叔叔，過去他總是盡可能保護我，在我離開中國後，顯然也遭判十二年徒刑入獄。「也替你親人想想吧！」我爸爸上次打給我時這麼懇求我。「回來吧，我們會保護你。」但他講的話我一句也不信，因為說話的人已經不是真正的他了。對我說話的人，是受到酷刑、遙控、充滿恐懼的人。

自從我搬到美國定居後，我們就再也沒有直接聯繫的管道。這樣反而比較好。但我還是會追蹤網路上中國政府的大外宣，看他們怎麼詆毀我的故事。他們拍了很多影片，當中有我爸媽，他們在獄卒逼迫下當證人，講出指控我的說法。

最近的一支影片是在二〇二一年四月初上傳的，片中我父親說：「米日古麗從來沒進過集中營。她一直待在我們家，也一直過得很好。她學歷念得最高。」

聽到這樣的話讓人很心痛。但我不怪他：只要還住在中國，他們就沒有辦法說出真話。這些親人之所以受到威逼、強迫，都只是因為我鼓起勇氣講出真相，這才是讓我難過的地方。我對這些親人懷著深深的歉意。但另一方面，這也更讓我堅信自己做的沒錯，因為中國領導階層正想將我們滅族。

世上有超過一百萬以上的維吾爾人，遭遇到跟我同樣的命運。就在我行文至此時，這許多維吾爾人都還被囚禁在集中營中，遭受到外人難以想像的酷刑和虐待。就算日後獲得釋放，他們也會像我和我的家人一樣，無法恢復到從前的樣子。

這正是中國政府的目的，透過全面監視和洗腦等抹除人性的做法，剝奪這些被囚禁人們的身分認同和文化認同。這教我怎能不將自己的親身經歷公諸於世呢？是時候讓世人看清這些暴行、並採取行動阻止他們了。

儘管失去了原生家庭的家人，但我先生和他父母依然毫不動搖地支持我和幫助我，給了我最大的安慰。我們幾乎每天都通電話。最近的視訊中，我婆婆端出一只首飾盒，裡頭擺了十二只金手鐲。「幫你買的。」她非常自豪地拿給我看。「要給你婚禮用的。」

「你瘋了啊？」我念她。

公公婆婆老是會寄錢給我，儘管他們都已經從教師和飛行員的工作退休，經濟能力有限。婆婆已經高齡八十七了，她常說，照顧我是她分內的工作。「我覺得對你有虧欠。」她說。「因為你孩子小時，我沒能支持你。所以現在要補償你們。」

「但我過得去啊。我可是有工作的！」我向她抗議，想藉此勸她別再寄錢了。其實我雖然在一家披薩店幫忙一段時間了，但這份工作薪水微薄，之後更因新冠疫情大受影響。因此她給我的錢，的確對我不無小補。

瑪穆德已經被困在杜拜三年了，等著出國禁令解除。我們很希望他的情況能夠趕快解決。他如果能過來團聚那就太好了，我不想再落單。對於孩子們而言，沒有比爸爸在身邊更讓他們渴望的事了。

有時候，我們會一起看以前的照片：我和瑪穆德十年前剛在開羅認識時的照片。每當看到這些照片，我真不敢相信，當時的我們是那麼的青澀和天真無邪。這一路走來發生了太多太多事。有次跟孩子們一起看照片時，他們也注意到我抱著三個娃娃的照片，那照片是在我剛生下他們時拍的。

「可是照片裡有三個寶寶啊！」艾蓮娜口無遮攔問我。

「是啊，那兩個是你們。另一個是你們的哥哥穆罕默德。」

「他現在哪裡？」

「他跟爸爸在一起。」我撒了個謊，就這樣脫口而出。儘管已經過了那麼久，我還是無法面對我的長子已經在中國過世的事實。

「爸爸來的時候，他會來跟我們團聚嗎？」艾蓮娜問。

「是啊，一定會。」

總有一天我得跟我女兒吐露真相。但現在並不是時候，她還太小，不能領會那殘酷的真相。

但我卻希望世人能從我口中瞭解，維吾爾人受到了怎樣難以想像的罪行侵害。這就是我的使命：我倖存下來，就是要向全世界揭發此事。好讓日後再沒有人可以辯稱，他們對這樁人間慘劇一無所知。

謝詞

一本書的完成，要靠許多人共同努力。我們作者群只能寥寥列出其中最重要的幾位為代表。

維吾爾人權民運人士米麗邦・梅美特（Mihriban Mehmet）幫我們居中連繫，並在這漫長的採訪過程中，抱持對雙邊文化的敏感性，不厭其煩地為我們翻譯。

Heyne出版社的編輯蘇菲・波易森（Sophie Boysen）和薩拉・金諾拉斯（Sara Ginolas），從一開始就對此計劃抱持堅定的信心。

記者丹尼爾・戈法特（Daniel Goffart）為初稿校對工作用心良苦。

維吾爾記者古爾夏拉・霍亞（Gulchahra Hoja）告知美國政府我的處境，才讓我得以逃出埃及，前往美國。

我同時也獲得美國國會議員馬可・魯比歐（Marco Rubio）和克里斯・史密斯

（Chris Smith），以及美國駐開羅大使館的協助。

撰寫本書是由我們的經紀人克莉絲汀娜．普洛斯克（Christine Proske）發想。撰寫時，她始終都是推動所有參與者的背後力量。

最後要感謝所有閱讀本書的讀者，謝謝大家參與這段我人生中最艱困過去的旅程，並幫我把我的故事傳遞下去，讓全世界都知道中國政府的罪行。從今以後再也不會有人可以推說，他們對此事一無所知！

我由衷感謝各位。

米日古麗．圖爾蓀與安德莉亞．C．霍夫曼

國家圖書館出版品預行編目資料

有去無回的地方：一個維吾爾女孩在新疆「再教育營」的真實經歷/
米日古麗.圖爾蓀(Mihrigul Tursun), 安德莉亞.C.霍夫曼(Andrea C. Hoffmann)著；顏涵銳譯. -- 初版. -- 臺北市：商周出版：英屬蓋曼群島商家庭傳媒股份有限公司城邦分公司發行, 2022.12
面； 公分. --(生活視野；33)
譯自：Ort ohne Wiederkehr : Wie ich als Uigurin Chinas Lager überlebte.
ISBN 978-626-318-515-9(平裝)
1.CST: 自傳 2.CST: 政治迫害 3.CST: 維吾爾族
782.887 111019179

有去無回的地方：一個維吾爾女孩在新疆「再教育營」的真實經歷

Ort ohne Wiederkehr: Wie ich als Uigurin Chinas Lager überlebte

作　　者／米日古麗・圖爾蓀Mihrigul Tursun、安德莉亞・C・霍夫曼Andrea C. Hoffmann
譯　　者／顏涵銳
責任編輯／余筱嵐

版　　權／林易萱、吳亭儀
行銷業務／周佑潔、黃崇華
總 編 輯／程鳳儀
總 經 理／彭之琬
發 行 人／何飛鵬
法律顧問／元禾法律事務所 王子文律師
出　　版／商周出版
台北市 104 民生東路二段 141 號 9 樓
電話：(02) 25007008 傳真：(02)25007759
E-mail：bwp.service@cite.com.tw
Blog：http://bwp25007008.pixnet.net/blog
發　　行／英屬蓋曼群島商家庭傳媒股份有限公司 城邦分公司
台北市中山區民生東路二段 141 號 2 樓
書虫客服服務專線：02-25007718；25007719
服務時間：週一至週五上午 09:30-12:00；下午 13:30-17:00
24 小時傳真專線：02-25001990；25001991
劃撥帳號：19863813；戶名：書虫股份有限公司
讀者服務信箱：service@readingclub.com.tw
城邦讀書花園：www.cite.com.tw
香港發行所／城邦（香港）出版集團有限公司
香港灣仔駱克道 193 號東超商業中心 1 樓；E-mail：hkcite@biznetvigator.com
電話：(852) 25086231 傳真：(852) 25789337
馬新發行所／城邦（馬新）出版集團 Cite (M) Sdn. Bhd.
41, Jalan Radin Anum, Bandar Baru Sri Petaling, 57000 Kuala Lumpur, Malaysia.
Tel: (603) 90563833 Fax: (603) 90576622 Email: service@cite.my

封面設計／李東記
排　　版／邵麗如
印　　刷／韋懋印刷事業有限公司
總 經 銷／聯合發行股份有限公司
電話：(02)2917-8022 傳真：(02)2911-0053
地址：新北市 231 新店區寶橋路 235 巷 6 弄 6 號 2 樓

■ 2022 年 12 月 27 日初版
■ 2024 年 01 月 23 日初版 2.2 刷
定價 400 元

Printed in Taiwan

Original title: Ort ohne Wiederkehr. Wie ich als Uigurin Chinas Lager überlebte
by Mihrigul Tursun and Andrea C. Hoffmann

城邦讀書花園
www.cite.com.tw

廣　告　回　函
北區郵政管理登記證
北臺字第000791號
郵資已付，免貼郵票

104　台北市民生東路二段141號2樓

英屬蓋曼群島商家庭傳媒股份有限公司城邦分公司　收

請沿虛線對摺，謝謝！

書號：**BH2033**　　書名：有去無回的地方　　編碼：

請於此處用膠水黏貼

讀者回函卡

線上版讀者回函卡

感謝您購買我們出版的書籍！請費心填寫此回函卡，我們將不定期寄上城邦集團最新的出版訊息。

姓名：＿＿＿＿＿＿＿＿ 性別：□男 □女

生日：西元＿＿＿＿年＿＿＿＿月＿＿＿＿日

地址：＿＿＿＿＿＿＿＿

聯絡電話：＿＿＿＿＿＿＿＿ 傳真：＿＿＿＿＿＿＿＿

E-mail ：

學歷：□ 1. 小學 □ 2. 國中 □ 3. 高中 □ 4. 大學 □ 5. 研究所以上

職業：□ 1. 學生 □ 2. 軍公教 □ 3. 服務 □ 4. 金融 □ 5. 製造 □ 6. 資訊

□ 7. 傳播 □ 8. 自由業 □ 9. 農漁牧 □ 10. 家管 □ 11. 退休

□ 12. 其他＿＿＿＿＿＿＿＿

您從何種方式得知本書消息？

□ 1. 書店 □ 2. 網路 □ 3. 報紙 □ 4. 雜誌 □ 5. 廣播 □ 6. 電視

□ 7. 親友推薦 □ 8. 其他＿＿＿＿＿＿＿＿

您通常以何種方式購書？

□ 1. 書店 □ 2. 網路 □ 3. 傳真訂購 □ 4. 郵局劃撥 □ 5. 其他＿＿＿＿

您喜歡閱讀那些類別的書籍？

□ 1. 財經商業 □ 2. 自然科學 □ 3. 歷史 □ 4. 法律 □ 5. 文學

□ 6. 休閒旅遊 □ 7. 小說 □ 8. 人物傳記 □ 9. 生活、勵志 □ 10. 其他

對我們的建議：＿＿＿＿＿＿＿＿

＿＿＿＿＿＿＿＿

＿＿＿＿＿＿＿＿

【為提供訂購、行銷、客戶管理或其他合於營業登記項目或章程所定業務之目的，城邦出版人集團（即英屬蓋曼群島商家庭傳媒（股）公司城邦分公司、城邦文化事業（股）公司），於本集團之營運期間及地區內，將以電郵、傳真、電話、簡訊、郵寄或其他公告方式利用您提供之資料（資料類別：C001、C002、C003、C011 等）。利用對象除本集團外，亦可能包括相關服務的協力機構。如您有依個資法第三條或其他需服務之處，得致電本公司客服中心電話 02-25007718 請求協助。相關資料如為非必要項目，不提供亦不影響您的權益。】

1.C001 辨識個人者：如消費者之姓名、地址、電話、電子郵件等資訊。

2.C002 辨識財務者：如信用卡或轉帳帳戶資訊。

3.C003 政府資料中之辨識者：如身分證字號或護照號碼（外國人）。

4.C011 個人描述：如性別、國籍、出生年月日。

請於此處用膠水黏貼